Réflexe

1re STMG

Nouveau programme 2019

DROIT

Sous la direction
de Patrick Mercati

Pauline Aicart
Pierre Arcuset
Alexandra Bucher
Patrick Mercati
Christine Palau

Nathan
TECHNIQUE

DES RESSOURCES COMPLÉMENTAIRES

Elles sont repérées par ce logo :

Comment faire ? C'est facile !

1 **Téléchargez l'application gratuite Nathan Live !**, disponible dans l'**AppStore** et **GooglePlay** sur votre smartphone ou votre tablette.

2 **Ouvrez** l'application. **Scannez une page avec le logo Nathan Live !**. La liste des ressources complémentaires de la page apparaît (vidéos, animations, QCM...). Cliquez sur celle qui vous intéresse.

L'application nécessite une connexion Internet.

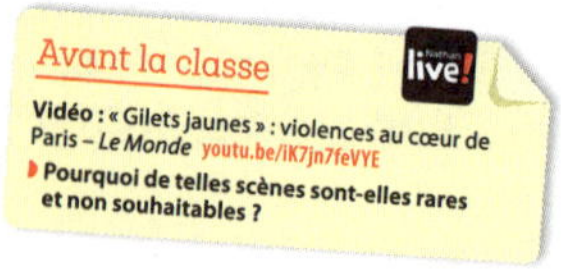

Cette rubrique permet d'introduire le cours par une question, une recherche Internet ou une vidéo.

Allez plus loin !

Cette rubrique propose des ressources et questions complémentaires pour aborder les règles de droit dans un autre contexte ou en savoir plus sur certains points.

Ce pictogramme permet de repérer les fichiers « Allez plus loin ! » à télécharger sur le site compagnon.

Ce pictogramme permet de repérer les questions et les applications qui font appel à l'utilisation d'outils numériques.

Ce pictogramme permet de repérer les questions et les applications qui peuvent être réalisées en groupe.

Ce pictogramme indique le niveau de difficulté des applications (une étoile : maîtrise ; deux étoiles : expertise).

Ce pictogramme indique la présence d'une vidéo.

Édition : Julie Besné
Conception maquette : Anne-Danielle Naname
Mise en pages : CGI
Conception couverture : Vincent Rioult
Fabrication : Maria Pauliat

ISBN 978-2-09-165417-1

Sommaire

Le droit et ses fonctions dans la société

1

Capacités

- Expliquer et distinguer les fonctions du droit
- Vérifier les caractères de la règle pour une règle de droit donnée
- Qualifier juridiquement une situation

Avant la classe

Nathan live!

Vidéo : « Gilets jaunes » : violences au cœur de Paris – *Le Monde*
youtu.be/iK7jn7feVYE

Pourquoi de telles scènes sont-elles rares et non souhaitables ?

Situation

LES GILETS JAUNES ET LE DROIT

Christophe Dettinger s'est rendu ce lundi à la police après s'être expliqué dans une vidéo en forme de *mea culpa*. Ses proches sont stupéfaits par son acte.

Les images sont d'une violence inouïe, elles ont fait le tour du Web. On y voit, sur une passerelle au-dessus de la Seine, samedi dernier à Paris, un homme, manifestement adepte de la boxe, s'en prendre, poings en avant, à des gendarmes mobiles contraints de reculer sous une pluie de coups. Évanoui dans la nature, il a fini par se livrer de lui-même ce lundi matin avant d'être placé en garde à vue.

F. Loisy et N. Cosson, « Qui est Christophe Dettinger, le "boxeur des gilets jaunes" ? », www.leparisien.fr, 07/01/2019

1 Identifier la fonction de « pacification » du droit

DOC. 1 Le droit, un facteur de pacification des rapports entre les personnes

En interdisant et en punissant certains comportements constituant des atteintes aux personnes (violences, meurtre) ou aux biens (détérioration, vol), le droit permet de prévenir les infractions. En effet, l'existence de la sanction **dissuade la majorité des individus de transgresser les règles, ce qui évite les conflits.** Lorsque les règles sont malgré tout transgressées, le droit organise la **sanction afin de punir l'auteur de la violation** et, le cas échéant, de réparer le préjudice subi par la victime.
Le droit permet donc de pacifier les relations entre les individus en prévenant ou en réglant les conflits.

QUELQUES EXEMPLES DE SANCTIONS

Article 222-11 du Code pénal. Les violences ayant entraîné une incapacité totale de travail pendant plus de huit jours sont punies de trois ans d'emprisonnement et de 45 000 euros d'amende.
Article 222-12 du Code pénal. L'infraction définie à l'article 222-11 est punie de cinq ans d'emprisonnement et de 75 000 euros d'amende lorsqu'elle est commise : [...] sur un militaire de la gendarmerie nationale [...].
Article 322-1 du Code pénal. La destruction, la dégradation ou la détérioration d'un bien appartenant à autrui est punie de deux ans d'emprisonnement et de 30 000 euros d'amende, sauf s'il n'en est résulté qu'un dommage léger.

Le fait de tracer des inscriptions, des signes ou des dessins, sans autorisation préalable, sur [...] le mobilier urbain est puni de 3 750 euros d'amende et d'une peine de travail d'intérêt général [...].

DOC. 2 Gilets jaunes : de lourdes amendes pour l'occupation des ronds-points ?

Ce pourrait être la « solution » pour évacuer les personnes occupant les ronds-points en France dans le cadre du mouvement des gilets jaunes. Le responsable du mouvement à Marseille a évoqué la possibilité d'amendes lourdes de la part des forces de l'ordre pour les occupants. Une éventualité avancée par un lieutenant de gendarmerie. [...] « *Le gendarme m'a informé que l'article R116/2 du Code de la voirie routière [dispose] qu'il est interdit d'occuper sans autorisation préalable le domaine public routier ou ses dépendances [...] Que nous risquions en conséquence une amende de 5e classe.* » [...]
Les personnes concernées risquent donc entre 1 500 et 3 000, voire 4 500 euros si l'on prend en compte la manifestation illégale. [...] En tout cas, le gouvernement ne veut désormais plus rigoler : le ministre de l'Intérieur a réclamé hier aux Préfets de vider tous les ronds-points encore occupés.

A. Doche, www.caradisiac.com, 04/01/2019

DOC. 3 L'ordre public

Selon l'article 11 de la Déclaration de 1789 : « Nul ne peut être inquiété pour ses opinions, même religieuses, pourvu que leur manifestation ne trouble pas l'ordre public établi par la loi. » Selon le Conseil constitutionnel, qui n'a jamais précisément défini la notion d'ordre public, elle recouvre « le **bon ordre**, la **sécurité**, la **salubrité** et la **tranquillité publique** ».

DOC. 4 Une manifestation autorisée à Amiens

Samedi 22 décembre, 250 gilets jaunes ont pris part à une marche pacifique dans le centre-ville d'Amiens avec l'autorisation de la préfecture. [...] Pour la première fois, les gilets jaunes manifestent avec l'autorisation préfectorale.

« Manifestation des gilets jaunes à Amiens : la marche pacifique éclipsée par un second rassemblement violent », france3-regions.francetvinfo.fr, 22/12/2018

Situation Depuis ses débuts le mouvement des gilets jaunes a bien évolué.

Tout commence à la fin du mois d'octobre [2018], lorsque des groupes fleurissent sur Facebook pour appeler à manifester contre la hausse des prix du carburant. Une date est retenue : le 17 novembre. [...] Le mouvement, que les syndicats refusent de soutenir, manque d'organisation. Résultat, les manifestations et points de blocages ne sont pas légaux, car non signalés en préfecture, et les violences se multiplient. 409 personnes sont blessées, dont quatorze gravement. [...]

Rapidement, un appel est lancé pour une nouvelle manifestation le 24 novembre, mais cette fois à Paris [...] Les forces de l'ordre emploient des canons à eau et des grenades lacrymogènes face à des casseurs qui leur lancent des pavés et brûlent des véhicules. [...]

[Puis], les gilets jaunes élaborent une liste de revendications diffusée le 29 novembre auprès des médias. Très variées, elles concernent à la fois la fiscalité, les institutions et les aides sociales.

« La révolte des gilets jaunes en 7 moments clés », www.lexpress.fr, 04/12/2018

1 Listez les comportements interdits et punis par le droit et indiquez les sanctions prévues pour chacun d'eux. Doc. 1 et Doc. 2

Violence entrenant une incapacité de travail inférieur à 8j.
3 ans prison + 45000 € amendes
Violence entrenant une incapacité de travail supérieur à 8 j. sur un gendarme 5 ans prison + 75000€ am. Destruction dégradation ou dégradation d'un bien, 2 ans prison + 30 000 € d'am.

2 Dans quel but le droit les interdit-il ? Doc. 3

le droit interdit certains comportement afin d'assurer l'ordre public (securité, salubrité, tranquillité

3 Indiquez si les droits et interdictions cités correspondent au maintien de l'ordre public ou au principe général de liberté. Doc. 3

a. Liberté d'expression principe de liberté

b. Manifestations soumises à autorisation préfectorale maintenir ordre publique

c. Interdiction des violences sur personne maintenir ordre publique

d. Liberté de réunion principe de liberté

e. Interdiction des destructions de mobilier urbain maintenir ordre publique

4 Montrez que l'existence de la sanction dissuade la majorité des individus de transgresser les règles. Doc. 4

Sachant qu'ils encourent une sanction en organisant une manifestation sans autorisation, les gilets jaunes d'amiens ont demandé cette autorisation afin de ne pas être sanctionnés. La plupart des individus se soumettent à les règles de *

5 « *Il n'est pas de liberté possible dans une société où les individus craignent pour la sécurité de leur personne.* » Que pensez-vous de cette affirmation ? Doc. 3

Il est nécessaire de concilier le respect des libertés et la sauvegarde de l'ordre public sans lequel l'exercice des libertés ne peut être assurée.

Allez plus loin ! STMG_CH01_plus_loin_partie1.pdf

* droit par éviter la sanction

2 Identifier la fonction « d'organisation » du droit

DOC. 5 Le mariage, outil d'organisation des rapports entre les époux

Article 143 du Code civil (modifié par la loi du 17 mai 2013 dite « loi Taubira »)

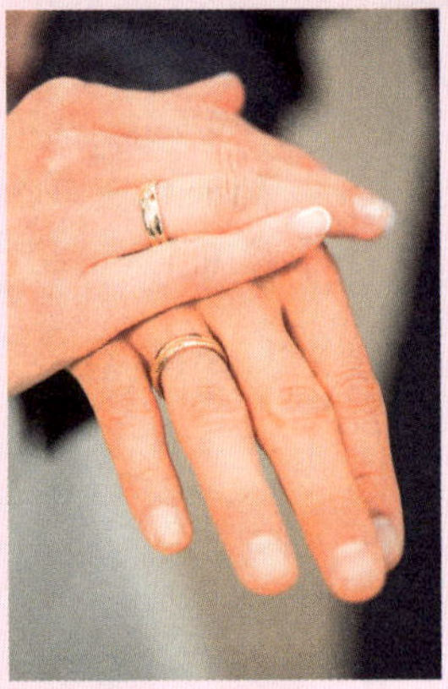

Le mariage est contracté par deux personnes de sexe différent ou de même sexe.

Le Code civil prévoit que les époux peuvent adopter le régime matrimonial de leur choix par un contrat de mariage conclu devant notaire. Ils peuvent, par exemple, opter pour le régime de la séparation de biens, dans lequel chaque époux est seul propriétaire des biens qu'il acquiert et peut en disposer seul. À défaut de contrat de mariage, les époux sont soumis au régime légal de la communauté réduite aux acquêts. Les biens achetés par l'un ou l'autre des époux au cours du mariage sont alors des biens communs.

Le Code civil prévoit également que, quel que soit le régime matrimonial choisi, chaque époux doit participer à l'entretien du ménage et de la famille (achat de denrées alimentaires, de vêtements, paiement du loyer du logement familial, règlement des dépenses de santé, etc.).

DOC. 6 Le droit, un facteur d'organisation des rapports sociaux

Le droit **organise les rapports entre les hommes vivant en société**. Ainsi, en créant des droits et des obligations, il réglemente les rapports familiaux (entre époux, entre membres d'une même famille : obligation des époux de participer à l'entretien du ménage et de la famille, droit de percevoir des allocations familiales, etc.) ainsi que les rapports économiques et sociaux (rapport entre employeur et salarié par exemple).

DOC. 7 Les principes généraux de la société

Depuis l'adoption des principes du libéralisme politique issus de la philosophie des Lumières, les principes généraux d'**égalité**, de **liberté**, de **solidarité** et de laïcité fondent l'organisation de notre société démocratique. Le principe d'égalité signifie que tous les sujets de droit, particuliers mais aussi État, sont soumis au droit. Ce système institutionnel dans lequel même la puissance publique est soumise au droit s'appelle un **État de droit**.

DOC. 8 Le droit aux allocations familiales

Les allocations familiales sont versées aux personnes ayant au moins deux enfants de moins de 20 ans à charge. Le montant des prestations dépend des ressources, du nombre d'enfants à charge et de leur âge.

Exemple : pour 2 enfants, une famille ayant des ressources inférieures ou égales à 68 217 € par an reçoit 131,16 € par mois (+ 65,58 si le second enfant a plus de 14 ans).

DOC. 9 La réglementation sur les salaires

SALAIRE MINIMUM DE CROISSANCE (SMIC)

Le salaire minimum de croissance (Smic) correspond au salaire horaire minimum légal que le salarié doit percevoir. Des abattements sont toutefois applicables dans certains cas (apprentis et salariés de moins de 18 ans).

Le Smic est en principe revalorisé chaque année au 1er janvier. Il est indexé sur l'inflation mesurée pour les 20 % des ménages ayant les revenus les plus faibles.

Le conseil des ministres a adopté un décret revalorisant le Smic de 1,5 % au 1er janvier [2019] : la mesure porte, en brut, le salaire minimum horaire de 9,88 à 10,03 € et le Smic mensuel de 1 498,47 à 1 521,22 € pour un temps plein, soit une hausse de 22,75 €.

Situation Parallèlement au mouvement des gilets jaunes, le conseil économique, social et environnemental (CESE) a lancé, sur son site, la consultation « Avec ou sans gilet jaune, citoyennes et citoyens, exprimez-vous ». Les internautes (environ 31 000) ont pu faire des propositions relatives à six thèmes tels que la justice fiscale et le pouvoir d'achat. Les propositions qui remportent le plus de votes sont l'abrogation de la loi sur le mariage pour tous (5 897 votes) puis celle qui vise à obtenir une « vraie politique familiale, globale et ambitieuse ».

6 Quelles sont les personnes autorisées à se marier ? ▶ Doc. 5

toutes personnes majeures sont autorisés à se marier

7 À quelle obligation matérielle tous les époux sont-ils soumis ? ▶ Doc. 5

participer à l'entretion du ménage et de la famille

8 Entre quelles personnes le contrat de mariage s'applique-t-il ? Quel type de rapport organise-t-il ? ▶ Doc. 5 et Doc. 6

Les rapport familiaux économique et sociaux

9 Quel nom porte le système institutionnel interdisant à un maire de refuser de célébrer un mariage entre deux personnes de même sexe ? ▶ Doc. 7

Etat de droit, toutes les pers sont soumises aux même règle et doivent rejecter la hiérarchie des maires

10 Toutes les familles bénéficient-elles du droit aux allocations familiales ? ▶ Doc. 8

Les allocations familiale ne sont versés qu'aux familles ayant plus de 2 enfants

11 Indiquez si les droits et obligations suivants résultent du principe de liberté, d'égalité ou de solidarité. ▶ Doc. 7

a. Faculté de se marier ou de ne pas se marier Liberté

b. Obligation des époux de participer à l'entretien du ménage et de la famille égalité solidarité

c. Droit aux allocations pour les familles selon leurs ressources solidarité

Situation La liste de revendications adressée par les porte-parole des gilets jaunes aux médias et aux députés contient une demande relative aux salaires : ils demandent une augmentation du Smic.

12 Qu'est-ce que le Smic ? Pour qui est-il une contrainte ? Pour qui est-il un droit ? ▶ Doc. 9

SMIC

13 Selon vous, en l'absence de Smic imposé, un salaire minimum serait-il spontanément appliqué ? ▶ Doc. 9

14 Quel principe général justifie que, dans les services publics, le port de signes religieux par les agents soit interdit alors que, dans les entreprises privées, l'interdiction n'est pas systématique ? ▶ Doc. 7

principe de la liberté

Allez plus loin ! STMG_CH01_plus_loin_partie2.pdf

3 Vérifier les caractères de la règle de droit

DOC. 10 La règle de droit est obligatoire

La règle de droit est obligatoire pour tous ceux à qui elle s'applique.
Pour obtenir des individus qu'ils se conforment à la règle de droit, des sanctions sont prévues.
L'objet de la sanction varie selon le type de sanction.

Type de sanctions	Sanctions pénales	Sanctions civiles
Objet des sanctions	Elles visent à punir celui qui a violé la règle de droit et à prévenir les infractions par la menace de la peine.	Elles forcent les individus à réparer le préjudice subi par une personne ou à se conformer à la règle.
Exemples	Amendes, emprisonnement, retrait ou suspension du permis de conduire, travaux d'intérêt général	Dommages-intérêts, nullité d'un contrat, saisie de biens

La sanction de l'homicide involontaire

Selon le Code de la route qui renvoie au Code pénal : « Lorsque la maladresse, l'imprudence, l'inattention, la négligence ou le manquement à une obligation législative ou réglementaire de prudence ou de sécurité [...] est commis par le conducteur d'un véhicule terrestre à moteur, l'homicide involontaire est puni de cinq ans d'emprisonnement et de 75 000 euros d'amende. »

DOC. 11 Le caractère obligatoire de la règle de droit la distingue des autres règles

Une autre discipline propose aux hommes des règles de conduite en société : c'est la morale !
Exemple : être charitable envers les autres…
Mais, contrairement à la règle de droit, la règle de morale n'est pas obligatoire car le non-respect de celle-ci n'entraîne pas de sanction.
Pour autant, certaines règles sont inspirées de la morale.
Exemple : le meurtre, immoral, est puni par le droit : le fait de donner volontairement la mort à autrui constitue un meurtre.
Il est puni de trente ans de réclusion criminelle (art. 221-1 du Code pénal).

DOC. 12 La règle de droit est générale

Aux termes de l'article 6 de la Déclaration des droits de l'homme et du citoyen, la loi « doit être la même pour tous ». La règle de droit ne s'applique donc pas à telle ou telle personne nommément désignée, mais à toutes les personnes sans distinction, ou à une catégorie de personnes déterminée.

Exemples de règles de droit	Catégorie de personnes concernées
« Chacun a droit au respect de sa vie privée » : art. 9 du Code civil	Tous les individus
« Il est tenu un registre du commerce et des sociétés auquel sont immatriculés, sur leur déclaration : 1° Les personnes physiques ayant la qualité de commerçant […] » : art. L123-1 du Code de commerce	Les commerçants
« Le licenciement pour motif économique d'un salarié ne peut intervenir que lorsque tous les efforts de formation et d'adaptation ont été réalisés […] » : art. L1233-4 du Code du travail	Les employeurs et les salariés

DOC. 13 La règle de droit est légitime

La plupart d'entre nous acceptent de se soumettre aux règles de droit parce qu'elles sont élaborées par des représentants du peuple, c'est-à-dire par des institutions légitimes.

Situation Au matin du premier jour de la mobilisation, le 17 novembre [2018], une femme en gilet jaune est renversée par une voiture à Pont-de-Beauvoisin (Savoie) : Chantal Mazet, 63 ans, mère de famille, est percutée vers 8h15 par une automobiliste qui emmenait sa fille chez le médecin, prise de panique selon elle.

www.ledauphine.com, 18/12/2018

Vidéo « *Gilets jaunes : accident mortel à Pont-de-Beauvoisin au niveau d'un barrage* » – BFMTV
youtu.be/66nB7vlbMpg

15 La manifestation des gilets jaunes dispensait-elle l'automobiliste de respecter le Code de la route et l'intégrité des personnes ? Pourquoi ? Doc. 10

Non, la règle de droit est obligatoire : elle s'impose à tous sans aucune exception liée à la personne ni aux circonstances.

16 Quel type de sanction l'automobiliste encourt-elle ? Justifiez. Doc. 10

hommicide involontaire, Sans emprisonnement + 75 000 € d'amende. (sanction pénale) + dédommagement verser à la famille de la victime (sanction civile)

17 Indiquez si les règles ci-dessous sont inspirées de la morale. Doc. 11

a. Sanction des homicides involontaires commis par un conducteur morale

b. Poids total autorisé d'un véhicule à moteur et d'une remorque fixé à 44 tonnes pour cinq essieux (art. L312-1 du Code de la route) pas morale

Situation L'émission *Sept à Huit* du 02/12/2018 était consacrée à des portraits de gilets jaunes. Parmi eux, les journalistes avaient choisi Antonin F., fleuriste et figure de la mobilisation en Haute Côte-d'Or, pour évoquer les problèmes des petits commerces. Devant la caméra, il a évoqué ses difficultés face au paiement des cotisations sociales, mais aussi les fermetures de commerces dans les petites villes : « *J'ai déjà dû licencier pour des raisons économiques.* »

18 Le fleuriste est-il soumis à l'article L123-1 du Code de commerce ? Pourquoi ? Doc. 12

Le fleuriste est soumis à l'article L123-1 de code de commerce qui impose l'obligation de s'immatriculer au registre du commerces et des sociétés

19 Le fleuriste a-t-il dû appliquer l'article L1233-4 du Code du travail ? Pourquoi ? Doc. 12

Oui, car elle s'applique à tous les employeurs qui procède à un licenciement

Situation L'opération pour déloger les occupants du rond-point de Provence à Antibes a été menée ce mercredi 9 janvier, vers 22 h. [...] Une cinquantaine de « *gilets jaunes* » a démonté les installations du rond-point de Provence dans le calme. Après avoir sauvé le nécessaire, les manifestants ont regardé leur point de convergence disparaître dans un incendie. Le tout, sous les yeux des représentants de l'État venus sur place pour assister à l'opération.

« Le dernier fief des gilets jaunes du département est tombé : retour sur près de deux mois de mobilisation à Antibes », www.nicematin.com, 10/01/2019

20 Pourquoi les gilets jaunes ont-ils accepté de détruire eux-mêmes leur campement ? Doc. 13

Les gilets jaunes ont procédés eux mêmes à la destruction de leurs campement parce qu'ils savaient être en situation d'infraction en occupant le domaine public sans autorisation

21 Que symbolise la présence des représentants de l'État ? Doc. 13

La présence des représentants de l'état symbolise la légitimité de la règle de droit.

Allez plus loin ! STMG_CH01_plus_loin_partie3.pdf

Applications

1 Tester vos connaissances

Répondez par vrai ou par faux aux propositions suivantes.

1. L'existence de sanctions a pour unique but de punir les individus qui ne respectent pas les règles de droit.
☐ Vrai ☐ Faux

2. Le droit permet d'organiser les rapports entre les hommes vivant en société.
☐ Vrai ☐ Faux

3. Les règles de droit sont facultatives.
☐ Vrai ☐ Faux

4. Certaines règles de droit ne s'appliquent qu'à des catégories de personnes.
☐ Vrai ☐ Faux

5. Les règles de droit sont discutables parce qu'élaborées par des institutions contestables.
☐ Vrai ☐ Faux

6. Le principe d'égalité signifie que les particuliers ainsi que l'État sont soumis au droit.
☐ Vrai ☐ Faux

7. Les sanctions civiles servent à punir les individus.
☐ Vrai ☐ Faux

8. Toutes les règles de droit sont inspirées par la morale.
☐ Vrai ☐ Faux

9. Le droit n'impose aux individus que des obligations.
☐ Vrai ☐ Faux

10. Les libertés reconnues aux personnes peuvent être limitées par l'ordre public.
☐ Vrai ☐ Faux

2 Distinguer le droit et la morale

★

En novembre 2018, le département du Maine-et-Loire adresse un courrier à Françoise, 49 ans, pour lui demander de régler la facture de la maison de retraite de son père. Pour Françoise, c'est un véritable choc. En effet, lorsqu'elle avait 13 ans, son père a abattu sa mère de deux coups de fusil, parce que cette dernière lui demandait le divorce. Le père de Françoise avait été condamné à 14 ans de prison et Françoise avait tiré un trait sur son « géniteur ». En février 2018, il fait une demande d'aide sociale auprès du département qui se tourne vers les descendants (enfants, petits-enfants...) qui, conformément à l'article 205 du Code civil, doivent s'occuper de leurs ascendants (père/mère, grands-parents...) dans le besoin.

Françoise refuse de payer et, courant décembre, il est finalement décidé que Françoise et ses frères et sœurs seront exonérés de l'obligation alimentaire comme le permet le règlement départemental dans certains cas. Si l'affaire avait été portée devant le juge aux affaires familiales, Françoise aurait pu invoquer l'article 207 du Code civil, qui permet d'annuler l'obligation alimentaire lorsqu'il est prouvé que le parent a gravement manqué à ses obligations envers ses enfants. Cette décision n'est toutefois pas automatique car elle reste à l'appréciation du juge...

1. Quelle obligation l'article 205 du Code civil met-il à la charge des descendants au profit de leurs ascendants dans le besoin ?

2. Cette obligation vous semble-t-elle dans tous les cas inspirée par la morale ? Justifiez.

3. L'article 207 du Code civil vous semble-t-il dénué de morale ?

DOC. Règlement départemental d'aide sociale – Personnes âgées et handicapées – Département de Maine-et-Loire (extrait)

Exonération de l'obligation alimentaire

L'obligation alimentaire cesse : lorsque le créancier a lui-même manqué gravement à ses obligations envers le débiteur [...].

3 Identifier les caractères de la règle de droit et distinguer les différents types de sanctions et leur finalité

Neuilly-sur-Marne : médecin et marchand de sommeil ?

L'ancien directeur de la clinique des Fauvettes encourt 10 ans de prison et 300 000 € d'amende pour hébergement indigne et mise en danger. Une soixantaine de personnes, dont un tiers d'enfants, sont citées comme victimes. [...]

Une quarantaine de chambres avaient été transformées en logement. Les loyers mensuels allaient jusqu'à 800 € [...]. L'Agence régionale de santé (ARS) s'est aussi intéressée de près à l'affaire, vu les conditions de vie des familles avec de très jeunes enfants, pour beaucoup. Tableau électrique défaillant, infiltrations, surface à vivre inférieure à 9 m², absence de ventilation électrique, rats, cafards, branchements anarchiques... La liste des griefs est longue. [En 2017] C'est un incendie qui a précipité l'évacuation de la clinique.

« C'est une chance qu'il n'y ait pas eu de grave accident, estime Mᵉ Anaïs Defosse, avocate d'une partie des familles. Si elles sont arrivées là, c'est qu'elles étaient particulièrement vulnérables et n'avaient pas d'autre choix. [...] » L'association SOS victimes en Seine-Saint-Denis a sollicité le barreau de la Seine-Saint-Denis pour défendre ces familles. La ville de Neuilly-sur-Marne s'est aussi constituée partie civile. Elle précise avoir relogé trois familles, et s'atteler au relogement de deux autres. Plusieurs sont à nouveau hébergées en hôtel social, sans solution.

C. Sterlé, www.leparisien.fr, 26/11/2018

1. Identifiez les règles violées par l'ancien directeur de la clinique.
2. Quelles sanctions pénales encourt-il ? Quelle est la finalité de ces sanctions ?
3. Qui sont les victimes dans cette affaire ?
4. Quel type de sanction leur permettrait d'obtenir réparation ?
5. Quel caractère de la règle de droit pouvez-vous déduire de l'existence de sanctions ?
6. Quel autre caractère de la règle de droit déduisez-vous du terme souligné dans le doc. 2 ?

DOC. 1 La notion d'habitat indigne

La loi de mobilisation pour le logement et la lutte contre l'exclusion du 25 mars 2009 donne une définition légale de l'habitat indigne : « Constituent un habitat indigne les locaux utilisés aux fins d'habitation et impropres par nature à cet usage, ainsi que les logements dont l'état, ou celui du bâtiment dans lequel ils sont situés, expose les occupants à des risques manifestes pouvant porter atteinte à leur sécurité physique ou à leur santé. »

DOC. 2 L'infraction de mise en danger de la vie d'autrui

Article 223-1 du Code pénal

Le fait d'exposer directement autrui à un risque immédiat de mort ou de blessures de nature à entraîner une mutilation ou une infirmité permanente par la violation manifestement délibérée d'une obligation particulière de prudence ou de sécurité imposée par la loi ou le règlement est puni d'un an d'emprisonnement et de 15 000 euros d'amende.

4 Expliquer le droit comme facteur d'organisation des rapports sociaux

★

L'entreprise peut interdire le port de signes religieux face aux clients. La Cour de cassation a tranché le 22 novembre : le port de signes religieux par des salariés lors de contacts avec la clientèle peut entraîner un licenciement à condition que l'entreprise ait bien posé un principe de neutralité dans son règlement intérieur.

C. Maillard, « L'entreprise peut interdire le port de signes religieux face aux clients », www.usinenouvelle.com, 23/11/2017

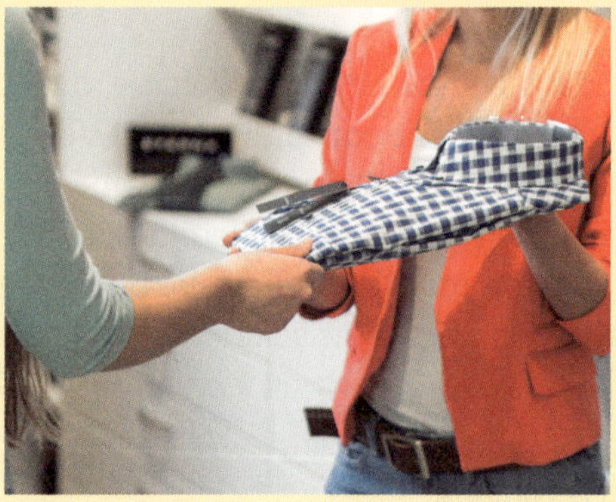

1. Entre quelles catégories de personnes la décision de la Cour de cassation du 22 novembre 2017 s'applique-t-elle ?
2. Quelle règle pose-t-elle ?
3. L'existence de règles relatives au port des signes religieux vous semble-t-elle nécessaire ? Quel principe général ces règles doivent-elles respecter ?
4. Les règles relatives au port de signes religieux qui s'appliquent entre employeur et salariés sont-elles applicables aux relations entre l'État et ses agents ? Pourquoi ?

DOC. Service public et respect du principe de laïcité

Une loi de 1905 impose aux agents des services publics une stricte neutralité à l'égard de leurs croyances et opinions religieuses. Ainsi, un agent ne peut pas manifester des opinions dans l'exercice de ses fonctions.
Toutefois, la circulaire du 13 avril 2007 relative à la charte de la laïcité dans les services publics autorise les agents publics à s'absenter « pour participer à une fête religieuse » si ces absences sont « compatibles avec les nécessités de fonctionnement normal du service ».

5 Identifier un principe général de la société et ses limites

★★

Le rappeur qui a fait polémique avec son clip « *Pendez les Blancs* » devant la justice

Libre expression artistique ou provocation au crime ? Jugé pour le clip « *Pendez les Blancs* » qui l'a extirpé de l'anonymat cet automne, le rappeur Nick Conrad a défendu mercredi 9 janvier 2019 une fiction militante, sans convaincre le parquet qui a requis une amende avec sursis.

1. Quel principe général est invoqué par le rappeur ?
2. Quelle règle pose-t-il ?
3. Faites des recherches sur le procès et relevez les arguments avancés par Nick Conrad pour sa défense.
4. Faites des recherches sur le procès et relevez les arguments développés par le parquet contre le rappeur.
5. Que pensez-vous de la décision du juge ?

6 Se préparer au bac — Qualifier juridiquement une situation

Pour cette application, vous pouvez vous aider de la fiche méthode 1.

Nadège et Laurent vivent dans un petit village à quelques kilomètres de Cannes dans les Alpes-Maritimes, dans une maison appartenant à Laurent. Ils y vivent avec leurs quatre enfants : Carla et Léo, les enfants de Nadège, issus d'un premier mariage et Gabrielle et Antoine, les enfants de Laurent également issus d'une première union. Après quatre ans de vie commune, Nadège et Laurent se sont mariés afin de concrétiser leur union. En outre, Laurent aimerait adopter les enfants de Nadège, leur père étant décédé depuis cinq ans.

Laurent, très bricoleur, envisage d'agrandir sa maison de deux chambres afin que chacun des enfants ait la sienne.

Nadège espère que ce projet ne sera pas compromis par la perte de son emploi. Embauchée depuis 16 ans par une entreprise de transport locale, elle a récemment été mise en garde par son patron qui lui reproche quelques retards.

1. Identifiez les personnes appartenant à la famille recomposée et précisez les liens juridiques qui existent entre elles.
2. Énoncez en les qualifiant les droits et obligations qui existent entre chacun de ses membres.
3. Le projet de Laurent est-il soumis à autorisation du maire ? Justifiez en qualifiant les faits.
4. Dans quel but la puissance publique règlemente-t-elle les constructions ?
5. Nadège peut-elle craindre de perdre son emploi en raison de quelques retards ? Justifiez en qualifiant les faits.
6. Quelle est l'utilité des règles relatives au licenciement ?

DOC. 1 L'autorité parentale

Article 371-1 du Code civil

L'autorité parentale est un ensemble de droits et de devoirs ayant pour finalité l'intérêt de l'enfant.

Elle appartient aux parents jusqu'à la majorité […] pour le protéger dans sa sécurité, sa santé et sa moralité, pour assurer son éducation […].

DOC. 2 Votre projet est-il soumis à une autorisation d'urbanisme ?

Dans un certain nombre de cas, un permis de construire est exigé. D'une manière générale, il concerne les travaux de construction de grande ampleur (construction d'une maison individuelle et/ou ses annexes). Toutefois, il s'applique également à plusieurs autres cas (certains agrandissements, construction d'un abri de jardin...). La demande de permis de construire doit être adressée par lettre recommandée avec avis de réception ou déposée à la mairie.

« Permis de construire », www.service-public.fr

DOC. 3 Retards du salarié et licenciement

Selon l'article L1232-1 du Code du travail, le licenciement doit être justifié par « une cause réelle et sérieuse ».

Concernant les retards d'un salarié, il a été jugé que ceux-ci ne peuvent constituer une cause réelle et sérieuse de licenciement que s'il existe une certaine répétition dans les retards et que ces derniers présentent une perturbation quant à la bonne marche de l'entreprise.

Synthèse

Le droit et ses fonctions dans la société

La fonction de pacification du droit
- Dissuader les individus de transgresser le droit en prévoyant des sanctions → Absence de conflits = paix sociale → ordre public maintenu
- Appliquer la sanction lorsque les règles sont transgressées → 2 types de sanctions :
  - sanctions civiles
  - sanctions pénales

La fonction d'organisation du droit → Organiser les rapports sociaux :
- **Familiaux**
  Ex. : obligation d'entretien entre les époux, obligation alimentaire entre ascendants/descendants, etc.
- **Économiques et sociaux**
  Ex. : entre employeur et salarié (licenciement économique, Smic, etc.)

Dans le respect des principes généraux de la société :
- égalité
- liberté
- solidarité
- laïcité

Les caractères de la règle de droit
- OBLIGATOIRE → Si la règle de droit n'est pas respectée, des sanctions s'appliquent (différence avec la règle morale)
- GÉNÉRALE → La règle de droit s'applique à tous ou à une catégorie de personnes. *Ex.* : Français majeurs, commerçants, salariés, employeurs, etc.
- LÉGITIME → Elle est adoptée par des institutions légitimes

Rédigez votre synthèse personnelle à l'aide des mots-clés suivants :
- Autorité légitime
- Égalité (principe)
- État de droit
- Fonctions du droit : pacification/organisation
- Laïcité (principe)
- Liberté (principe)
- Règle de droit : caractères obligatoire, général, légitime
- Règle de morale
- Ordre public
- Solidarité (principe)

2

Les sources du droit

Capacités
- Identifier la source d'une règle de droit
- Distinguer les différentes institutions
- Expliquer le sens et la portée d'une décision de justice

Avant la classe

Nathan live!

Vidéo : Les eurodéputés contre le plastique – Euronews
youtu.be/GlWjl4yDHgk

Repérez les différentes dispositions légales sur les gobelets, les cotons-tiges, les assiettes et les couverts en plastique.

Situation

Le débat sur la potentielle dangerosité du glyphosate a été relancé récemment par l'annulation [par la justice lyonnaise] d'une autorisation de mise sur le marché du Roundup Pro 360, herbicide à base de glyphosate. [...]
En novembre 2017, l'Union européenne avait renouvelé son homologation pour cinq ans [...]. Les défenseurs de l'environnement ont critiqué le gouvernement pour avoir refusé d'inscrire dans la loi l'interdiction de ce pesticide. Quelque 8 800 tonnes de glyphosate ont été vendues en France en 2017.

« Sortie du glyphosate : "On n'y arrivera pas" à 100 % en trois ans », www.lefigaro.fr, 24/01/2019

1 Identifier les sources principales du droit national

DOC. 1 La Constitution et la Charte de l'environnement

La Constitution française, adoptée en 1958, est un texte composite comprenant notamment la Déclaration des droits de l'homme et du citoyen de 1789. C'est la loi fondamentale de l'État. Elle définit les droits et les libertés des citoyens ainsi que l'organisation et la séparation des pouvoirs de l'État (législatif, exécutif, judiciaire). En ajoutant la Charte de l'environnement à la Constitution, en 2005, il s'est agi d'« *inscrire une écologie humaniste au cœur de notre pacte républicain* ».

DOC. 2 Les autres principales sources nationales de droit

		Contenu	Autorité créatrice	Exemple
Textes législatifs	Loi	Texte adopté dans le domaine que la Constitution réserve au Parlement (principales matières du droit). Texte qui pose une règle nationale de portée générale	Parlement (Assemblée nationale + Sénat)	Loi n° 2015-992 du 17 août 2015 dite loi de transition énergétique et pour la croissance verte
Textes législatifs	Ordonnance	Texte adopté dans le domaine de la loi par le gouvernement pour exécuter son programme. Texte autorisé et validé par le Parlement	Gouvernement (Premier ministre et ministres)	Ordonnance n° 2017-1387 du 22 septembre 2017 portant sur la réforme du droit du travail
Règlements	Décret	Texte adopté le plus souvent en application d'une loi, ou parfois dans des domaines qui ne relèvent pas de la loi	Président de la République Premier ministre Ministre concerné	Décret n° 2018-563 du 29 juin 2018 relatif aux modalités d'accès prioritaire dans l'enseignement supérieur public des meilleurs bacheliers
Règlements	Arrêté	Texte adopté au niveau national (arrêté ministériel) ou au niveau local (arrêtés préfectoral, municipal)	Ministre concerné Autorités administratives (maires, préfets…)	Arrêté municipal n° 327/2018 de la ville d'Avignon portant réglementation de la foire Saint-André

DOC. 3 La loi Labbé n° 2014-110 du 6 février 2014

Votée en 2014, cette loi prévoit une interdiction d'achat, d'usage et de détention de tous les produits phytosanitaires de synthèse pour les jardins, potagers, balcons, terrasses et plantes d'intérieur. Depuis 2017, elle s'applique aux collectivités territoriales, aux établissements publics et à l'État pour les espaces verts accessibles au public. Pour les particuliers, la loi Labbé est entrée en vigueur le 1er janvier 2019. Les agriculteurs restent désormais les seuls à pouvoir utiliser ces substances chimiques controversées.

Vidéo « *Stop aux pesticides dans les lieux publics et place aux alternatives !* » – Joël Labbé
youtu.be/pp_D-7RD4Tc

DOC. 4 Des arrêtés pour lutter contre les pesticides

Le métam-sodium est […] utilisé […] en particulier dans la production de mâche. Cette variété de salade est cultivée essentiellement en Loire-Atlantique, mais aussi de plus en plus dans le Maine-et-Loire, où [des] intoxications ont eu lieu. Les deux départements ont d'ailleurs encadré l'utilisation du biocide par arrêté préfectoral : il n'est possible de l'épandre que par injection dans le sol ou par goutte-à-goutte sous un film plastique étanche. Il est aussi obligatoire d'arroser le sol pour y fixer le produit. Enfin, la mairie doit être prévenue de chaque épandage et l'applicateur doit avoir suivi une formation.

« Il va être définitivement interdit : qu'est-ce que le métam-sodium, ce pesticide "plus dangereux que le glyphosate" », www.lci.fr, 5/11/2018

Situation Olivier, agriculteur près de Chartres, dans l'Eure-et-Loir explique lors d'une interview : « *on est sur un marché mondialisé. Si on revient aux solutions que vous proposez [la sortie des pesticides], on va revenir à la situation des années 1950. [À cette époque], on faisait travailler les enfants pour arracher les mauvaises herbes.* » Les pesticides permettraient donc de gagner du temps, pour le plus grand bénéfice des agriculteurs.

1 Que dénonce Olivier à propos de l'interdiction de l'utilisation des pesticides ?

Olivier considère que l'interdiction des pesticides est une erreurs car cela va faire perdre du temps aux agriculteurs français/européens et dégrader la compétitivité de leurs exploitation dans un contexte de concurence mondialisée

2 Quel texte, ajouté à la Constitution en 2005, a conduit à proposer cette interdiction ? Doc. 1

Le texte ajouté à la constitution est la charte de l'environnement afin de poser comme principe supérieur du droit la préservation de l'environnement

3 Pourquoi dit-on de la Constitution qu'elle est le texte suprême ? Doc. 1

Car elle définit les droits et les libertés des citoyens, est la loi fondamentale car ses principes s'imposent à tous les textes

4 Quelle autorité a adopté la loi Labbé en 2014 ? Doc. 2 et Doc. 3

C'est le parlement

5 Quelle interdiction prévoit cette loi ? Qui concerne-t-elle ? Doc. 3

cette loi interdit l'achat et la détention, utilisation de produit phytosanitaires de synthèse. Elle s'impose à tous ceux qui s'occupent des espaces vert accessible au public (non aux agrculteurs)

6 Olivier peut-il continuer à utiliser les pesticides malgré la loi Labbé ? Pourquoi ? Doc. 3

Olivier est agriculteur. Or le texte ne vise que les particuliers, les établissement publics et l'État

7 Si Olivier habitait dans le Maine-et-Loire, aurait-il la possibilité d'utiliser le métam-sodium comme pesticide ? À quelles conditions ? Doc. 4

Olivier pourrait utiliser ce produit mais sous réserve de respecter des conditions d'utilisation très stricte

8 Quelles réglementations encadrent l'utilisation du métam-sodium dans ces deux départements ? Qui en sont les auteurs ? Doc. 4

Un arrêt préfectoral a été prix dans chacun de ces 2 départements pour interdire l'utilisation de ces subsamteces. Les préfets de ces 2 départements sont les auteurs de ces textes

Allez plus loin ! STMG_CH02_plus_loin_partie1.pdf

2 Identifier les sources complémentaires du droit national

DOC. 5 Le droit négocié

En droit du travail, certaines situations professionnelles sont régies par le droit négocié. Il s'agit d'un ensemble de textes – accords interprofessionnels, conventions collectives de branche, accords d'entreprise – négociés entre les **partenaires sociaux** (syndicats de salariés et organisations patronales), pour **adapter le Code du travail** de façon concrète. Il s'articule de la façon suivante :

Accord interprofessionnel	Convention collective	Accord d'entreprise
Conclu entre les partenaires sociaux des différentes branches d'activité, il traite un sujet particulier intéressant les salariés. La plupart du temps, sa portée est nationale. ***Exemple :*** accord national interprofessionnel (ANI) sur la formation du 22 février 2018	Conclue entre les partenaires sociaux d'une même branche, ses dispositions couvrent l'ensemble des conditions de travail des salariés. Sa portée est le plus souvent nationale, parfois départementale ou régionale. ***Exemple :*** convention collective nationale des coopératives agricoles laitières du 7 juin 1984	Négocié et conclu au niveau de l'entreprise, il a pour but d'adapter les règles générales aux spécificités de l'entreprise. Depuis 2018, il prime sur les accords interprofessionnels et sur les conventions collectives. ***Exemple :*** accord du 9 janvier 2018 sur la classification des emplois au sein de l'entreprise Lorraine Agricole Distribution

DOC. 6 Convention collective des salariés agricoles du Gers (extrait)

ARTICLE 56 : Sécurité et prévention des risques – Les employeurs sont tenus de se conformer aux dispositions des textes en vigueur concernant la santé et la sécurité au travail de leurs salariés agricoles, ainsi que de l'accord collectif national du 23/12/08 relatif aux conditions de travail en agriculture. Toutes mesures de protection doivent être prises par les employeurs lors de l'emploi de produits chimiques et phytosanitaires classés dangereux ou cancérigènes, mutagènes et reprotoxiques.

DOC. 7 Le Roundup trop dangereux pour la justice lyonnaise

Dans un jugement rendu ce 15 janvier 2019, la justice lyonnaise a annulé l'autorisation de mise sur le marché du Roundup Pro 360, commercialisé par Monsanto. […]

La juridiction lyonnaise avait été saisie par le Comité de recherche et d'informations indépendantes sur le génie génétique. […] Pour justifier sa décision, le tribunal met en avant la dangerosité potentielle du produit pour l'homme [« principe de précaution »].

E. Frisullo, « La justice annule l'autorisation de mise sur le marché du Roundup Pro 360 », www.20minutes.fr, 15/01/2019

Vidéo « *Utilisation du glyphosate dans les Landes* » – France 3 Nouvelle-Aquitaine youtu.be/Ib6Fo2F9kvg

DOC. 8 La jurisprudence

La jurisprudence est constituée par les solutions apportées par les décisions de justice dans l'application du droit. L'organisation pyramidale de la justice place la Cour de cassation au sommet. Elle juge de la bonne application du droit par les autres juridictions. Elle joue ainsi un rôle d'unification du droit. Lorsque le point de vue adopté par un tribunal ou par la Cour de cassation est systématiquement suivi par les autres juridictions, on dit alors que la décision concernée « *fait jurisprudence* ».

Situation Maux de tête, saignements de nez ou encore grande fatigue : telles sont les manifestations de l'hypersensibilité aux produits chimiques et aux pesticides développée par certains salariés agricoles. Pour éviter leurs effets, la lutte s'organise de façon préventive – certains accords collectifs obligent les employeurs à protéger leurs salariés – ou de façon répressive par l'intermédiaire de décisions de justice.

9 À quelle situation certains salariés agricoles doivent-ils faire face ? Quels éléments de la réglementation peuvent-ils mettre en avant ?

Certains salariés agricoles ont développé une hypersensibilisation
ont la possibilité de faire valoir des concacords collectifs producteurs conclus.

10 Quels sont les différents accords collectifs qui organisent les relations entre employeurs et salariés ? Doc. 5

il s'agit des accords interprofessionnels de la convention collective et des accords d'ent.

11 Qui négocie ces accords dans le monde agricole ? Doc. 5

Les syndicats de salariés agricoles et les organisations patronales agricoles sont chargés de la négociation

12 Que prévoit la convention collective des salariés agricoles du Gers concernant l'utilisation des pesticides ? Doc. 6

cette convention collective prévoit que les employeurs prennent les dispositions nécessaires pour protéger leurs salariés lors de l'utilisation de produits chimiques et sanitaires classés dangereux ou cancérigènes, mutagènes et reprotoxiques.

13 Quelle est sa portée ? À qui s'applique-t-elle ? Doc. 5 et Doc. 6

Elle concerne tous les salariés agricole du Gers et s'applique à toutes les ent. agri. du Gers

14 Quelle décision la justice a-t-elle pris concernant l'utilisation du Roundup ? Doc. 7

La justice Lyonnaise a annulé l'autorisation de mise sur le marché du Roundup pro 360 (pour empêcher production du produit en Fr)

15 À quelles conditions pourra-t-on dire que cette décision fait jurisprudence ? Doc. 8

Cette décisions fera jurisprudence si elle est approuvée par la cour de cassation

Situation Paul François, intoxiqué par l'herbicide Lasso, avait attaqué la firme Monsanto en 2007. Condamnée à indemniser intégralement l'agriculteur, Monsanto a fait appel devant la cour d'appel de Lyon qui confirma le jugement. Mais en 2017, la Cour de cassation a annulé cette décision de justice : la cour d'appel n'avait pas interrogé le caractère défectueux du produit. Renvoyé devant la cour d'appel de Lyon, le céréalier charentais continue de se battre et espère pouvoir être de nouveau entendu.

16 Quelles sont les différentes étapes de la procédure menée par le céréalier ?

Paul francois a saisi un tribunal qui a condamné Monsanto à l'indemniser. Puis Monsanto a fait appel et, n'ayant pas obtenu gain de cause, a saisi la cour de cassation

17 Quel rôle la Cour de cassation a-t-elle joué dans cette affaire ? Doc. 8

La cour a vérifier

Allez plus loin ! STMG_CH02_plus_loin_partie2.pdf

3 Distinguer les différentes institutions nationales

DOC. 9 Institutions nationales et séparation des pouvoirs

On appelle « *institutions* » l'ensemble des organismes régis par le droit structurant l'organisation de la vie en société par la création de règles. Pour éviter la concentration des pouvoirs aux mains d'une seule personne, ces institutions, définies par la Constitution de la Vᵉ République, sont organisées selon le principe de la séparation des pouvoirs.

	Institutions	Rôle	Sources de droit
Pouvoir exécutif	**Président de la République**	Assure le fonctionnement des pouvoirs publics Préside le Conseil des ministres	Décret
	Premier ministre	Dirige l'action du gouvernement Assure l'exécution des lois	Décret Arrêté
	Gouvernement (ministres)	Détermine et conduit la politique de la nation Soumet des **projets de lois** au vote du Parlement	Ordonnance Décret Arrêté
Pouvoir législatif	**Parlement (Assemblée nationale + Sénat)**	Examine et vote les lois Soumet des **propositions de lois** au vote du Parlement	Lois
Pouvoir judiciaire	**Juridictions administratives**	Tranchent les litiges entre les citoyens et l'État	Jurisprudence (issue des décisions de justice)
	Juridictions judiciaires	Tranchent les litiges entre les personnes	

DOC. 10 La hiérarchie des normes

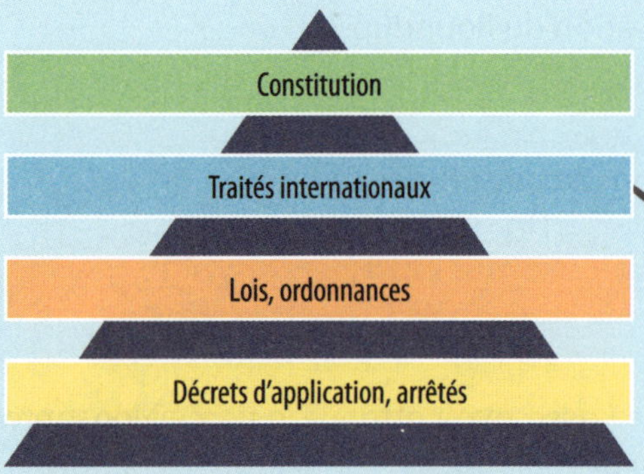

Pour éviter que les règles de droit provenant de sources différentes ne se contredisent, elles doivent obéir au principe hiérarchique qui implique qu'**une norme inférieure ne peut déroger à une norme supérieure**.

Les **traités** sont négociés entre plusieurs États dans différents domaines. Ils établissent des règles qui sont régies par le droit international.

DOC. 11 Le contrôle de constitutionnalité

Le contrôle de conformité des lois à la Constitution a pour objet de faire respecter la hiérarchie des normes, dont l'ordonnancement fonde le principe de légalité démocratique : la loi n'est pleinement légitime que si elle respecte les principes supérieurs posés par la Constitution et si elle a été adoptée selon une procédure régulière.

« Le contrôle de constitutionnalité des lois », www.senat.fr

À l'origine, le recours au Conseil constitutionnel était réservé aux plus hautes instances de l'État : président de la République, Premier ministre, présidents de l'Assemblée nationale et du Sénat, tout groupe de 60 députés ou sénateurs. Depuis une réforme du 23 juillet 2008, toute personne qui estime être jugée par un tribunal appliquant une loi non conforme à la Constitution a le droit de soulever une **question prioritaire de constitutionnalité**, pour saisir le Conseil constitutionnel.

Situation

Nouveau débat enflammé à l'Assemblée nationale sur le glyphosate, mais résultat inchangé : l'interdiction [...] d'ici trois ans ne sera pas inscrite dans la loi, ont décidé les députés dans la nuit de vendredi à samedi. Au terme d'un long débat en nouvelle lecture du projet de loi agriculture et alimentation, les députés ont rejeté au petit matin l'ensemble des amendements [propositions de modifications de la loi] visant à graver dans le texte l'engagement présidentiel d'interdire la substance, « *au plus tard dans trois ans* ».

« Glyphosate : l'Assemblée rejette à nouveau l'interdiction dans la loi », www.ladepeche.fr, 15/09/2018

18 Quel était l'objet du débat à l'Assemblée nationale ?

Les députés ont débattu du projet de loi agriculture et alimentation et de l'opportunité d'inscrire ou non l'interdiction du glyphosate dans la loi dans le délai de 3 ans

19 Pour quelles raisons est-ce l'Assemblée nationale qui est saisie de ce débat ? Doc. 9

L'assemblée nationale est une des 2 chambres du parlement (avec Sénat) chargée de l'examen et du vote des lois. C'est la raison pour laquelle elle a été saisie de ce débat

20 Quelle institution était à l'origine du texte ainsi débattu ? Doc. 9

Le texte débattu à l'assemblée nationale était le « projet de loi agriculture et alimentation ». Ce texte provenait donc du gouvernement chargé de déterminer et de conduire la politique de la nation

21 Si le Parlement adoptait l'interdiction du glyphosate, un arrêté municipal pourrait-il autoriser son utilisation ? En application de quel principe ? Doc. 10

Les lois obéissent au principe de hiérarchie des normes, un arrêté municipal, norme inférieur, ne pourrait contredire une loi norme supérieur.

Situation

Outre les pesticides, d'autres questions liées à l'environnement nécessitent l'intervention des institutions. Ainsi, le Conseil constitutionnel a été saisi par France Hydro Électricité à l'occasion d'un conflit avec l'administration. Cette organisation estimait que certaines dispositions de la loi pour la reconquête de la biodiversité (article L.214-17 du Code de l'environnement) étaient contraires à la Charte de l'environnement, et donc à la Constitution. Ce qui l'empêchait de développer ses centrales hydroélectriques sur certains cours d'eau. Le Conseil constitutionnel lui a finalement donné raison.

22 Quel problème France Hydro Électricité a-t-elle soulevé ? Par quelle procédure ? Doc. 11

L'ent. considérait que des dispositions de la loi pour la reconquête de la biodiversité n'étaient pas conforme à la situation

23 Quelle institution est chargée de trancher ce type de question ? Doc. 11

C'est le conseil constitutionnel qui est chargé de vérifier que la loi a été adoptée de façon régulière et qu'elle est conforme à la constitution

24 Quelle décision a été rendue ? Doc. 11

Le conseil constitutionnel a donné raison à France Hydro électricité et en déclarant anticonstitutionnellement certaines disposition de la loi, les a annulées de fait.

Allez plus loin ! STMG_CH02_plus_loin_partie3.pdf

4 Identifier les sources du droit et les institutions au niveau européen

DOC. 12 Les traités européens

Différents traités internationaux ont contribué à la construction de l'Union européenne. Ces textes se situent au sommet de la hiérarchie des textes de droit européens. Ils fixent les règles de fonctionnement de l'Union européenne, affirment les grands principes qui la gouvernent, et servent de cadre à l'élaboration des textes de droit communautaire dérivé.
Parmi les principaux traités, on peut citer :
- le traité de Rome de 1957, qui a créé la CEE (union douanière) ;
- le traité de Maastricht de 1992, à l'origine de l'euro, et qui a instauré l'Union européenne telle que nous la connaissons aujourd'hui.

DOC. 13 Extrait du règlement européen du 12 décembre 2017

Après différentes études scientifiques parfois contradictoires, l'Union européenne a reconduit le règlement suivant :
[...] Sur la base des informations actuellement disponibles, aucune classification de danger en ce qui concerne la cancérogénicité n'est justifiée pour le glyphosate. [...] Le glyphosate ne présente pas de propriétés de perturbation endocrinienne [...]. Les études écotoxicologiques disponibles n'ont pas contredit cette conclusion. [...] Il convient par conséquent de renouveler l'approbation du glyphosate.

Règlement (UE) n° 2017/2324

DOC. 14 Institutions européennes et répartition des pouvoirs

L'exercice des pouvoirs dans l'Union européenne

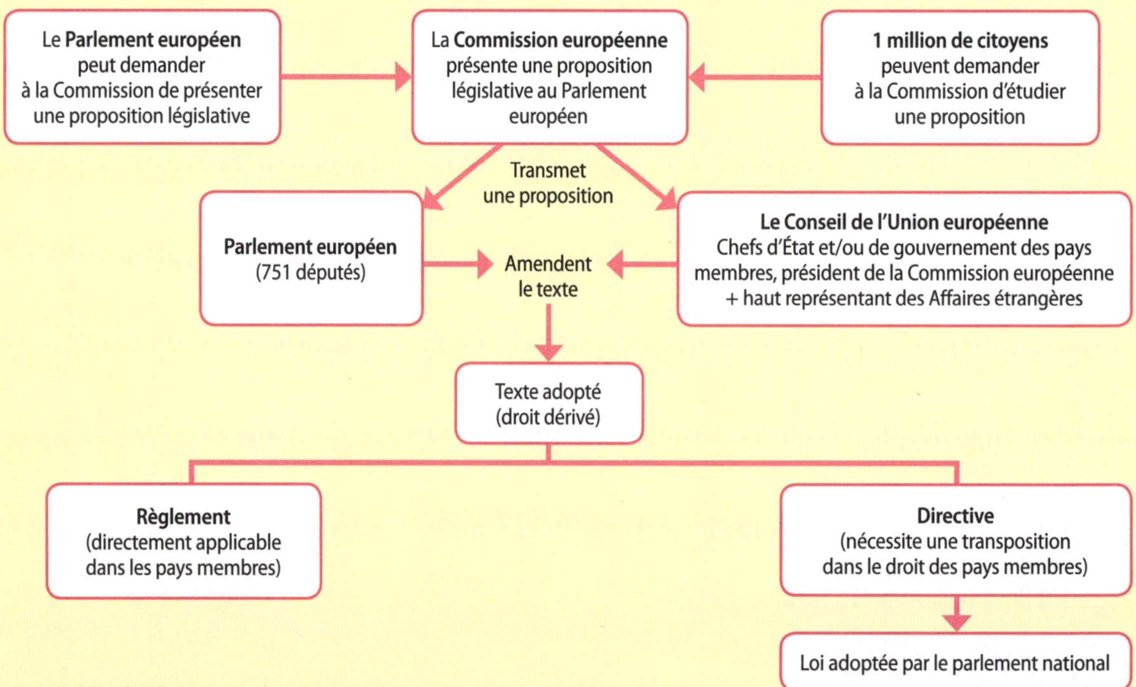

Le pouvoir législatif : la Commission européenne propose les textes et définit leur base juridique, mais c'est le Parlement européen et le Conseil européen qui les adoptent
Le pouvoir exécutif : il est du ressort de la Commission européenne
Le pouvoir judiciaire : il appartient à la Cour de justice de l'Union européenne (CJUE)

Situation Fin 2017, après des mois de discussion, l'autorisation d'utiliser le glyphosate dans l'Union européenne a finalement été renouvelée pour cinq ans. Les procédures d'autorisation des pesticides au sein de l'UE, très critiquées, ont depuis été révisées sur des principes plus stricts, ouvrant ainsi la voie à de nouvelles conclusions scientifiques. Et les citoyens de l'UE dans tout ça ? Pas moins d'1,3 million d'entre eux ont signé une initiative citoyenne demandant l'interdiction de l'herbicide...

25 Quels sont les principaux textes à l'origine de la création de l'Union européenne et de ses institutions actuelles ? Doc. 12

Les principaux textes à l'origine de la création de l'UE et de ses règles de fonctionnement sont des traités internationaux, comme le traité de Rome de 1957 et le traité de Maastricht de 1992.

26 Pour quelle raison 1,3 million de citoyens ont-ils signé « une initiative citoyenne » ? Quelle décision contestent-ils ?

Ils demandent l'interdiction du glyphosate ils contestent ainsi la décision de l'UE de renouveler l'autorisation de son utilisateur pdt 5 ans

27 Cette décision est-elle appliquée dans les États membres ? Justifiez votre réponse. Doc. 13 et Doc. 14

La décision prise par l'UE est un réglement donc celui du 12 décembre 2017 concernant le glyphosate est applicable dans tous les États membre

28 Comment cette décision a-t-elle été adoptée ? Par quels organes institutionnels ? Doc. 14

cette décisions modifié puis accépté par la commissions Europé. a transmis une proposition au parler et conseil de Union Europé.

29 Pourquoi cette décision pourrait-elle être remise en question ? Doc. 14

l'initiative de 1,3 millions de citoyens peut conduire à demander à la comission Europé. d'étudier la proposition d'interdiction du glyso.

Situation Certaines associations protectrices de l'environnement combattent elles aussi l'utilisation d'herbicides. Ainsi, en 2016, la Cour de justice de l'Union européenne leur a reconnu le droit d'avoir accès aux informations relatives aux pesticides sans que les industriels puissent faire valoir la protection du secret industriel et commercial.

30 Quel était l'objectif poursuivi par les associations en saisissant la Cour de justice de l'Union européenne ?

Les associations souhaitaient pouvoir avoir accés aux info relatives aux pesticides sans que les industrielles ne puissent faire valoir le secret industri

31 Quel pouvoir exerce cette Cour au sein de l'Union ? Doc. 14

Elle exerce le pouvoir judiciaire, c'est à dire qu'elle tranche les tiges au nv de l'UE

Allez plus loin ! STMG_CH02_plus_loin_partie4.pdf

Applications

1 Tester vos connaissances

Répondez par vrai ou par faux aux propositions suivantes.

1. Constitution et loi ont la même valeur juridique.
☐ Vrai ☒ Faux
2. Une loi est un texte de portée générale et qui s'impose à tous.
☒ Vrai ☐ Faux
3. Le Sénat n'intervient pas dans le vote des lois qui est du seul ressort de l'Assemblée nationale.
☐ Vrai ☒ Faux
4. Une ordonnance est adoptée par les maires et les préfets dans le cadre de leur pouvoir judiciaire.
☐ Vrai ☒ Faux
5. La jurisprudence est l'ensemble des décisions prises par les tribunaux.
☒ Vrai ☐ Faux
6. La convention collective de l'hôtellerie-restauration est applicable à toutes les entreprises d'hôtellerie-restauration.
☒ Vrai ☐ Faux
7. La séparation des pouvoirs en droit français a pour objectif de répartir le travail pour plus d'efficacité.
☐ Vrai ☒ Faux
8. En application du principe de hiérarchie des normes, un arrêté ne peut pas contredire un traité international.
☒ Vrai ☐ Faux
9. Toutes les décisions prises par les institutions européennes s'intègrent au droit français dès leur publication.
☐ Vrai ☒ Faux
10. Il n'existe pas de pouvoir judiciaire au niveau européen.
☐ Vrai ☒ Faux

2 Identifier la source d'une règle de droit

★

La loi du 5 septembre 2018 modifie le mode de financement et l'organisation de la formation professionnelle. Pour que cette loi puisse être mise en œuvre, un certain nombre de décrets et arrêtés doivent être publiés pour préciser les modalités d'application de cette réforme. Certains l'ont déjà été, d'autres devraient l'être dans le courant du premier semestre 2019. La loi est néanmoins entrée en vigueur le 1er janvier 2019.

1. Quel texte modifie le système de financement et d'organisation de la formation professionnelle ?
2. Quelle est l'institution en charge de l'adoption de ce texte ?
3. Quelles autres sources du droit sont nécessaires à la mise en œuvre de ce texte ?
4. À votre avis, pour quelles raisons des textes d'adaptation sont-ils nécessaires ?

Le 29 novembre 2018, le ministère de la Transition écologique a adopté un décret destiné à favoriser la mise en place de nouveaux projets d'éoliennes terrestres. Plusieurs associations de défense du patrimoine ont d'ores et déjà annoncé qu'elles avaient déposé un recours pour faire annuler ce texte. Elles considèrent en effet que ce texte ne permet pas aux citoyens de donner leur avis sur ces implantations de façon optimale.

5. Quelle source du droit est mise en cause dans cette situation ?
6. Qui est à l'origine de cette source ?
7. Quelle réglementation ce texte met-il en place ?

3 Distinguer les différentes institutions

Retrouvez l'autorité à l'origine de chacun des textes (docs. 1 à 4) en choisissant parmi les propositions suivantes :

Parlement européen – Maire – Ministre de l'Éducation nationale – Parlement national

DOC. 1 Loi du 3 août 2018 renforçant les dispositions contre les violences sexuelles et sexistes (extrait)

Lorsque les faits sont commis sur la personne d'un mineur, la contrainte morale [...] peut résulter de la différence d'âge existant entre la victime et l'auteur des faits et de l'autorité de droit ou de fait [...] pouvant être caractérisée par une différence d'âge significative entre la victime mineure et l'auteur majeur.

DOC. 2 Arrêté n° 09/958 – Ville de Cannes (extrait)

Art. 2 : Les barbecues sont interdits sur les plages de Cannes et de La Bocca dans les zones suivantes :
– du rond-point Gould jusqu'au croisement Bd du Midi-Louise-Moreau/rue de la Verrerie
– du kiosque n° 32 jusqu'à la sortie ouest de la commune.
Cette interdiction s'applique chaque année du 1er mars au 31 octobre.

DOC. 3 Décret n° 2019-99 du 13 février 2019 relatif aux concours d'accès à l'École nationale de la magistrature (extrait)

Objet : ce texte modifie les épreuves des concours d'accès à l'École nationale de la magistrature permettant le recrutement d'auditeurs de justice.

Entrée en vigueur : les dispositions du décret s'appliquent aux candidats aux concours d'accès à l'École nationale de la magistrature organisés à compter de l'année 2020.

DOC. 4 Règlement n° 2018/1807

« *Établissant un cadre applicable au libre flux des données à caractère non personnel dans l'Union européenne* » : Il s'agit d'établir un cadre légal à la libre circulation au sein de l'Union européenne des données détenues et gérées par des acteurs économiques.

4 Identifier les sources complémentaires du droit national

Le 13 avril 2018, les partenaires sociaux ont signé un avenant à la convention collective nationale des hôtels, cafés-restaurants (HCR) du 30 avril 1997. Elle gère les relations des entreprises en France métropolitaine et dans les DOM et dont l'activité principale est l'hébergement et/ou la fourniture de repas et/ou de boissons et, le cas échéant, des services qui y sont associés. Cet avenant n° 28 établit le barème des salaires minima hôtels et cafés-restaurants 2018 (dite « grille salaires HCR 2018 »).

DOC. Barème et salaire minimum horaire des hôtels et cafés-restaurants 2018 et 2019 (en €)

	Niveau				
Échelon	I	II	III	IV	V
1	9,98	10,18	10,77	11,30	13,36
2	10,03	10,31	10,83	11,47	15,59
3	10,10	10,66	11,13		21,83

1. De quelle source de droit complémentaire est-il question dans le document ?
2. Qui en sont les signataires ?
3. Quel est son objectif ?
4. Un restaurateur pourrait-il décider de rémunérer ses salariés à un taux horaire inférieur à celui du barème ? Justifiez votre réponse.

5 ★★ Identifier les sources du droit et les institutions au niveau européen

Après le scandale de la viande de cheval en 2013, celui du fipronil à l'été 2017, puis l'affaire Lactalis, les crises sanitaires se succèdent récemment en Europe. Pourtant, d'après la Commission européenne, « *les normes de sécurité alimentaire de l'UE sont les plus strictes du monde* ».

[...] [En 2002, un règlement crée] l'Autorité européenne de sécurité des aliments (EFSA). [...] Cette dernière est mandatée par la Commission européenne - dans la majorité des cas - mais également par le Parlement européen et les États membres, pour fournir des avis scientifiques sur des questions relatives à tous les aspects de la chaîne alimentaire (utilisation de pesticides, d'OGM, d'additifs, etc.).

C. Schmitt, « Sûreté alimentaire : comment l'Union européenne protège ses consommateurs », www.touteleurope.eu, 16/03/2018

1. Citez les institutions européennes dont il est question dans cet article.
2. Rappelez leur rôle dans la création de sources de droit au niveau européen.
3. Quel texte de droit européen est à l'origine de la création de l'EFSA ?
4. Quelle est la particularité de ce texte de droit dérivé ?

6 ★★ Identifier les particularités des directives européennes

1. Quel est l'objet de la loi française de transposition de la directive NIS ?
2. Quelle est l'autorité créatrice de cette directive ?
3. Pour quelle raison une loi de transposition doit-elle être adoptée par la France ?
4. Quelle institution française est ainsi en charge de l'adoption de cette loi ?

DOC. Sécurité des réseaux : la France transpose la directive NIS

La loi française de transposition de la directive NIS a été promulguée. La définition d'une liste d'opérateurs de services essentiels concernés se prépare.

La loi française de transposition de la directive sécurité des réseaux et de l'information ou NIS (Network and Information Security) du 6 juillet 2016 [adoptée par le Parlement et le Conseil de l'Union européenne] a été promulguée lundi 26 février 2018. Soit plus de deux mois avant la date butoir (9 mai 2018) fixée par Bruxelles.

La directive NIS étend à d'autres acteurs économiques que les opérateurs d'importance vitale (OIV) des obligations de sécurité et de notification d'incidents de sécurité.

En France, la loi « *portant diverses dispositions d'adaptation au droit de l'Union européenne dans le domaine de la sécurité* » a été présentée au Parlement par Mounir Mahjoubi, secrétaire d'État chargé du numérique. Ce texte « *donne à la France les moyens de mieux protéger ses entreprises et services publics essentiels face aux attaques informatiques* ».

A. Beky, « Sécurité des réseaux : la France transpose la directive NIS », www.silicon.fr, 27/02/2018

7 Distinguer les différentes sources des règles de droit

Identifiez la source des règles applicables aux situations ci-dessous parmi les propositions suivantes :

a Constitution – b Décret – c Convention collective – d Loi

1 Les conditions de travail des salariés coiffeurs lors de l'utilisation des produits de coloration c

2 Le droit des salariés à participer à la grève générale du 5 février 2019 pour la défense du pouvoir d'achat A

3 La nomination du recteur de l'académie d'Aix-Marseille b

4 L'interdiction des pesticides sur l'ensemble du territoire national d

8 Se préparer au bac Identifier la ou les règles juridiques applicables

Pour cette application, vous pouvez vous aider de la fiche méthode 3.

Comme dans d'autres départements, la préfecture de la Moselle a pris par arrêté la décision d'interdire les manifestations dans différents secteurs du département le samedi 29 décembre, le dimanche 30 décembre et le lundi 31 décembre 2018. Les services de la préfecture avancent des risques de troubles à l'ordre public et le souhait de préserver la libre circulation des personnes pendant cette période. Certains citoyens du département s'interrogent sur cette interdiction. Ils argumentent du fait que la liberté d'expression est une liberté fondamentale reconnue à tous, insérée dans la constitution, qu'ainsi, les arrêtés pris par la préfecture sont illégaux.

1. Quel texte les citoyens de la Moselle contestent-ils ?

2. Quelle liberté fondamentale mettent-ils en avant ? En application de quel texte ?

3. À quelle limite l'exercice de cette liberté se heurte-t-il ?

4. Quelle est la règle applicable dans cette situation ?

DOC. 1 Déclaration des Droits de l'homme et du citoyen de 1789 (extraits)

Art. 10. *Nul ne doit être inquiété pour ses opinions, même religieuses, pourvu que leur manifestation ne trouble pas l'ordre public établi par la Loi.*

Art.11. *Toute personne a droit à la liberté de réunion pacifique et à la liberté d'association.*

DOC. 2 Convention européenne des Droits de l'homme (extrait)

Art. 9. *La liberté de manifester sa religion ou ses convictions ne peut faire l'objet d'autres restrictions que celles qui, prévues par la loi, constituent des mesures nécessaires, dans une société démocratique, à la sécurité publique, à la protection de l'ordre, de la santé ou de la morale publiques, ou à la protection des droits et libertés d'autrui.*

DOC. 3 Une exigence prévue par les textes

Selon un texte législatif du 23 octobre 1935, pour pouvoir exercer son droit de manifester, il faut faire une déclaration préalable : « *Sont soumis à l'obligation d'une déclaration préalable, tous cortèges, défilés et rassemblements de personnes et d'une façon générale toutes les manifestations sur la voie publique. […] Si l'autorité investie du pouvoir de police estime que la manifestation projetée est de nature à troubler l'ordre public, elle l'interdit par un arrêté […].* »

Synthèse

Les sources du droit

Les différentes sources de droit

- **Nationales** → Constitution, lois, ordonnances, règlements (décrets, arrêtés)
- **Européennes** → Traités européens + droit dérivé (règlements, directives)
- **Internationales** → Traités

Les sources de droit sont organisées selon une pyramide qui institue la hiérarchie des normes : une norme inférieure ne peut contredire une norme supérieure

Le pouvoir exécutif

- **Institutions nationales :** Chef de l'État et gouvernement →
  - Adoptent des ordonnances, des décrets, des arrêtés
  - Présentent des projets de lois au Parlement
- **Institution européenne :** Commission européenne → Présente des projets de règlements ou de directives

Le pouvoir législatif

- **Institution nationale :** Parlement (Assemblée nationale + Sénat) →
  - Adopte les lois
  - Initie des propositions de lois
- **Institutions européennes :** Parlement européen + Conseil de l'Union européenne → Adoptent des règlements, des directives

Le pouvoir judiciaire

- **Institutions nationales :** Ensemble des juridictions françaises
- **Institution européenne :** Cour de justice de l'Union européenne

→ Interprètent les règles de droit (jurisprudence)

Rédigez votre synthèse personnelle à l'aide des mots-clés suivants :

- Constitution
- Texte suprême
- Lois
- Décrets
- Ordonnances
- Arrêtés
- Sources de droit complémentaires
- Jurisprudence
- Droit négocié
- Accords collectifs
- Hiérarchie des normes
- Contrôle de constitutionnalité
- Institutions européennes
- Droit européen
- Directives
- Règlements

Comment le droit naît-il ?

Capacités
- Vérifier les caractères de la règle pour une règle de droit donnée
- Identifier la source d'une règle de droit
- Distinguer les différentes institutions

À l'aide de vos connaissances et des ressources documentaires en annexe, analysez les situations juridiques ci-dessous et répondez aux questions.

Situation

Des questions peuvent légitimement se poser à tout citoyen curieux de comprendre le processus de naissance des règles de droit.

En France, le gouvernement désigné par le président de la République après les élections présidentielles et législatives peut compter à l'Assemblée nationale sur une majorité de députés qui lui sont favorables, alors que le parti du président est minoritaire au Sénat. Désireux d'engager une politique économique et sociale comportant des réformes assez importantes, le gouvernement souhaite faire voter des textes dans les meilleures conditions.

Dans l'Union européenne, une directive concernant le droit d'auteur a été adoptée récemment.

1. La procédure législative ordinaire présente-t-elle des risques pour ce gouvernement ? Lesquels, éventuellement ?
2. Comment le gouvernement peut-il procéder pour gagner du temps dans l'élaboration de nouvelles règles de droit ?
3. Dans quelles conditions la directive européenne sera-t-elle applicable aux auteurs français ? Justifiez.
4. La réponse à la question précédente serait-elle la même si le texte de droit européen était un règlement ?
5. Ces nouvelles règles semblent morales. Précisez les caractères qui en font des règles de droit.

Situation

M. Vogart, informaticien, vient de signer un contrat de travail dans une entreprise de vente en ligne. Il s'interroge sur les règles de droit qui s'appliqueront à la détermination de ses congés payés. Il a eu connaissance, au moment de son embauche, de l'existence d'une part d'une convention collective applicable à son métier, d'autre part d'un accord d'entreprise relatif à la durée du travail et aux congés.

1. M. Vogart aimerait savoir si les règles légales en matière de congés payés lui sont applicables. Dans la négative, de quelles sources de droit peuvent émaner les dispositions applicables à ses congés ?
2. L'accord d'entreprise lui semble moins favorable que la convention collective en ce qui concerne la détermination des dates de congé. Est-ce possible ?
3. Selon vous, comment se justifie la hiérarchie entre les règles de droit du travail illustrée ici ?

Entraînez-vous !

ANNEXE 1 Constitution française du 4 octobre 1958

Article 38 (extrait)
Le gouvernement peut, pour l'exécution de son programme, demander au Parlement l'autorisation de prendre par ordonnances, pendant un délai limité, des mesures qui sont normalement du domaine de la loi.
Les ordonnances sont prises en Conseil des ministres après avis du Conseil d'État. Elles entrent en vigueur dès leur publication, mais deviennent caduques si le projet de loi de ratification [loi d'approbation de l'ordonnance par le Parlement] n'est pas déposé devant le Parlement.

ANNEXE 2 Constitution française du 4 octobre 1958

Article 45 (extrait)
Tout projet ou proposition de loi est examiné successivement dans les deux assemblées du Parlement en vue de l'adoption d'un texte identique. [...]
Lorsque, par suite d'un désaccord entre les deux assemblées, un projet ou une proposition de loi n'a pu être adopté après deux lectures par chaque assemblée ou, si le gouvernement a décidé d'engager la procédure accélérée [...], après une seule lecture par chacune d'entre elles, le Premier ministre ou, pour une proposition de loi, les présidents des deux assemblées agissant conjointement, ont la faculté de provoquer la réunion d'une commission mixte paritaire chargée de proposer un texte sur les dispositions restant en discussion.
Le texte élaboré par la commission mixte peut être soumis par le gouvernement pour approbation aux deux assemblées. Aucun amendement n'est recevable sauf accord du gouvernement.
Si la commission mixte ne parvient pas à l'adoption d'un texte commun ou si ce texte n'est pas adopté dans les conditions prévues à l'alinéa précédent, le gouvernement peut, après une nouvelle lecture par l'Assemblée nationale et par le Sénat, demander à l'Assemblée nationale de statuer définitivement.

ANNEXE 3 L'Europe trouve un accord sur la directive « droit d'auteur »

C'est une défaite majeure pour les géants du numérique, soutenus par les défenseurs d'un « Internet libre », une victoire pour les créateurs de contenus. Mercredi soir [13 février 2019], les institutions communautaires – Parlement européen, Conseil des ministres où siègent les États membres et Commission – sont parvenues [...] à un compromis sur la directive réformant le droit d'auteur dans l'Union en discussion depuis vingt-six mois. [...]
L'intense bataille de lobbying s'est largement concentrée sur deux articles. D'une part, le 11 qui instaure un « droit voisin » au bénéfice des entreprises de presse, ce qui contraindra les grandes plateformes, style Google Actualités, à rémunérer les médias dont elles affichent des extraits d'articles ou de vidéos sur leurs services. D'autre part, le 13 qui va contraindre Google, YouTube ou encore Facebook à négocier des accords avec les titulaires de droits moins défavorables que ceux qui existent actuellement.

Jean Quatremer, « L'Europe trouve un accord sur la directive "droit d'auteur" », www.liberation.fr, 14 février 2019.

ANNEXE 4 Droit du travail : nouvelle hiérarchie des normes

Avant la loi Travail de 2016 et les ordonnances de septembre 2017, le Code du travail reposait sur un principe simple. La loi fixait des règles générales qui garantissaient des droits minimaux aux salariés. La convention collective pouvait fixer des règles différentes, à condition qu'elles soient plus favorables aux salariés. De même, l'accord d'entreprise pouvait lui aussi fixer des règles différentes si et uniquement si elles amélioraient la protection du salarié. [...]
Désormais, l'entreprise ou l'établissement est le lieu privilégié de la négociation collective, où s'élaborent les règles régissant les rapports entre les salariés et l'employeur. Schématiquement et en principe, l'accord d'entreprise prime donc désormais sur l'accord de branche, qui prime lui-même sur la loi. Mais cette hiérarchie des normes comporte plusieurs exceptions [...] pour lesquelles l'accord de branche prime sur l'accord d'entreprise, même si ce dernier a été conclu avant la promulgation de l'ordonnance. Ce bloc [...] concerne les salaires minima, les classifications, la protection sociale complémentaire, certaines mesures liées à la durée du travail, au CDD, etc.

Éric Roig (dir.), « Accord d'entreprise, accord de branche et hiérarchie des normes », droit-finances.commentcamarche.com, avril 2019.

Le litige et la preuve 3

Capacités

- Identifier les éléments d'un litige : parties, faits, prétentions, question de droit
- Déterminer au moyen d'une argumentation si le litige est causé par un acte ou un fait juridique afin d'envisager un mode de preuve adapté
- Apprécier la force probante d'un élément de preuve dans une situation donnée

Avant la classe

Vidéo : Livraisons : quand le chrono s'affole – Envoyé Spécial (les 2'30 minutes du début)
youtu.be/GAa49NFzFuo

- **Qu'est-il arrivé à la machine à soda et à la BD ?**
- **Que feriez-vous si vous receviez un produit défectueux ou abîmé ?**

Situation

ÇA BARDE CHEZ LES UDERZO !

S'il ne faut en relire qu'un, alors ce ne peut être que celui-ci : *La Zizanie*, sorti en 1970. Quinzième tome des aventures d'Astérix, l'album raconte comment le village d'irréductibles Gaulois se déchire sous l'influence d'un Romain retors, Tullius Détritus, spécialisé dans l'art de monter les uns contre les autres. Engueulades à répétition, bagarres collectives, bourre-pifs et lancers de poisson en pleine face... Célèbres pour leurs disputes incessantes, nos ancêtres à moustache y sont dépeints comme particulièrement susceptibles.

Mais arrêtons ici la comparaison avec la querelle [...] qui oppose depuis plusieurs années Albert Uderzo, le co-créateur de la série avec René Goscinny, à sa fille unique Sylvie et à un gendre suspecté de vouloir ravir le magot. La réalité dépasse en effet de loin la fiction. [...]
Le résultat ? « *Une faillite familiale épouvantable* », résume Albert Uderzo [...]. Et des poursuites judiciaires en cascade.

F. Potet, G. Darvet et F. Lhomme, « Ça barde chez les Uderzo ! », www.lemonde.fr, 27/12/2013

1 Identifier les éléments d'un litige

DOC. 1 Qu'est-ce qu'un litige ?

Définition juridique : un litige désigne « *un différend entre deux ou plusieurs personnes, les uns contestant aux autres d'être titulaires d'un droit à l'exercice duquel ils prétendent* ». Autrement dit, c'est un désaccord entre deux ou plusieurs personnes (physiques ou morales) concernant l'exercice d'un droit […].

« Qu'est-ce qu'un litige ? », www.litige.fr / DemanderJustice, 27/11/2015

DOC. 2 Comment analyser un litige ?

Un litige est composé de plusieurs éléments :

Les faits : ils doivent être clairs et précis (dates, identification des personnes impliquées, récit de ce qu'il s'est passé) ;

Les parties : ce sont les personnes engagées dans le procès ;

Les moyens de droit : ce sont la ou les règles de droit que les parties utilisent pour appuyer leurs prétentions ;

Les prétentions : c'est l'objet de la demande et de la défense en réponse. Il s'agit de ce que réclament le demandeur et le défendeur. Le juge ne peut pas se prononcer sur ce qui n'a pas été demandé. Il peut s'agir de dommages et intérêts, de remise en état…

Le problème juridique : c'est la question de droit que se pose le juge et à laquelle il doit apporter une réponse juridique.

DOC. 3 Qui sont les parties à un litige ?

Le « **demandeur** » est la personne physique ou morale qui a pris l'initiative d'engager une procédure judiciaire en vue de faire reconnaître un droit. Son adversaire est le « **défendeur** ».

DOC. 4 Qu'est-ce que la résolution amiable ?

Résolution du litige : vouloir régler un litige, c'est d'abord essayer de se concilier avec l'adversaire, c'est-à-dire essayer de trouver un terrain d'entente, un compromis entre les parties. En effet, il vaut toujours mieux une conciliation qu'un procès qui peut être long et coûteux. Si le litige ne peut pas être réglé à l'amiable, il sera alors soumis à un tribunal pour être tranché. Pour cela, la partie qui agit (le demandeur) devra, dans un certain délai, saisir la juridiction compétente.

Naissance d'un litige → Tentative de résolution amiable → Accord amiable / Saisine du juge compétent

Depuis le décret n° 2015-282 du 11 mars 2015, il faudra justifier d'une tentative de résolution amiable du litige pour pouvoir saisir un juge.

Situation

[Après une tentative de conciliation infructueuse] un premier jugement a été rendu aux Prud'hommes, qui condamne la maison d'édition d'Albert Uderzo à verser 270 000 euros d'indemnités de licenciement à Sylvie Uderzo. La fille unique du co-créateur d'Astérix estimait qu'elle avait été abusivement licenciée de son poste de directrice générale de la société Albert René, éditrice des neuf derniers albums d'Astérix et Obélix. Elle avait donc entamé une procédure judiciaire auprès des Prud'hommes, réclamant 776 000 euros de dommages et intérêts. La justice du travail a condamné les éditions Albert René à lui verser l'intégralité des indemnités légales, à savoir 270 000 euros. Mais les éditions Albert René n'ont pas été condamnées à payer les dommages et intérêts complémentaires demandés par la plaignante.

A. Vertaldi et O. Delcroix, « Affaire Astérix : rupture et réconciliation chez les Uderzo », www.lefigaro.fr, 26/09/2014

1 Cette affaire est-elle un litige ? Pourquoi ? Doc. 1

Sylvie a contesté son licenciement qu'elle estime abusif. Elle était en désacord avec la société Albert René sur l'exercice d'un droit. Cette affaire est un litige non un simple conflit.

2 Quels sont les faits ? Qualifiez-les juridiquement. Doc. 2

Sylvie Uderzo liée à la société Albert René par un contrat de travail, a saisi le conseil de prud'homme afin de faire reconaître comme abusif son licenciement par son employeur

3 Qui sont les parties à ce litige (demandeur/défendeur) ? Doc. 2 et Doc. 3

Sylvie est ici le demandeur, et la société Albert René est le défendeur

4 Quelles sont les prétentions de Sylvie Uderzo ? Doc. 2

Elle réclame des indemnités et elle veut qu'on reconnaissance les caractères abusif lié au licenciement, plus des dommages intérêt complémentaires.

5 Quelle est la question de droit à laquelle le juge doit apporter une réponse ? Doc. 2

Savoir dans quelles circonstances le licenciement d'un salarié est abusif

6 Qu'a décidé le conseil de prud'hommes ? Doc. 2

Le conseil de prud'hommes a reconnue le droit de Sylvie au indemnités légale de licenciement mais n'a pas eu les dommages intérêt complémentaires.

7 Quel est l'intérêt de la tentative de conciliation devant le conseil de prud'hommes ? Doc. 4

négocier et apaiser les tensions avant le procés

8 Pourquoi la résolution amiable d'un litige est-elle toujours préférable ? Doc. 4

Un procés peut être long et coûteux

Allez plus loin ! STMG_CH03_plus_loin_partie1.pdf

2 Déterminer si le litige est causé par un acte ou par un fait juridique

DOC. 5 L'objet de la preuve

Par principe, les parties n'ont pas à prouver l'existence, le contenu ou la portée des règles juridiques qu'elles invoquent pour appuyer leurs prétentions. L'adage selon lequel nul n'est censé ignorer la loi signifie aussi que chacun la connaît et qu'il n'est nul besoin de la prouver aux autres [...]. C'est au juge de dire le droit et non aux parties.

« La preuve du droit », droit.savoir.fr, 23/05/2012

Il incombe aux parties d'établir en justice les faits nécessaires au succès de leurs prétentions. Il incombe également aux parties d'établir soit le fait juridique soit l'acte juridique qui est à l'origine de leurs prétentions.

DOC. 6 Que faut-il prouver : un acte ou un fait juridique ?

Répondre à la question « *Que faut-il prouver ?* », c'est déterminer l'objet de la preuve. Celui-ci peut être un fait ou un acte juridique.
Un **fait juridique** est tout événement, volontaire ou non, qui produit des effets juridiques sans que les intéressés les aient volontairement recherchés (ouragan, accident).
Un **acte juridique** a pour origine la volonté d'une ou de plusieurs personnes de créer, transmettre, modifier ou éteindre un droit ou une obligation. Cet acte a donc pour objectif de produire des effets juridiques (un contrat, un testament).

DOC. 7 Comment prouver ? La preuve selon l'origine du litige

En fonction de l'origine du litige, le droit prévoit le recours à différents modes de preuve.

<table>
<tr><th colspan="2">La règle
Le Code civil indique que les faits comme les actes juridiques peuvent être prouvés, en principe, par tous moyens (C.civ., art. 1358).</th><th>Les modes de preuve</th></tr>
<tr><td>La preuve des faits juridiques</td><td>La règle s'applique sans exception.</td><td rowspan="2">• Témoignage
• Présomption</td></tr>
<tr><td rowspan="3">La preuve des actes juridiques</td><td>La règle s'applique pour les actes dont la valeur ne dépasse pas 1 500 €.</td></tr>
<tr><td>Exception : si l'acte porte sur une somme dépassant 1 500 €, une preuve écrite (ou un aveu devant un tribunal) est exigée.</td><td>• Écrit
• Aveu judiciaire</td></tr>
<tr><td>Exception à l'exception : s'il s'agit d'actes de commerce ou si l'absence d'écrit est excusable (écrit perdu par force majeure, écrit matériellement ou moralement impossible).</td><td>• Témoignage
• Présomption</td></tr>
</table>

DOC. 8 Arrêt de la Cour de cassation du 29 octobre 2014 (extrait)

Attendu que pour faire droit à cette demande, l'arrêt énonce que la société ne produit aucun devis ni commande, mais qu'une relation contractuelle peut être nouée verbalement, notamment lorsque les parties « *ont de bonnes relations* » [...]. Qu'en statuant ainsi, alors que l'établissement d'un contrat relatif à des obligations d'une valeur supérieure à 1 500 euros est soumis au régime de la preuve littérale [écrite], la cour d'appel a violé le texte susvisé ; PAR CES MOTIFS [...] CASSE ET ANNULE [...].

Situation Une sacrée frayeur pour débuter l'année. Mercredi 4 janvier [2017], la dépendance de la maison d'Albert Uderzo, située près de Faverolles (Eure-et-Loir), a été détruite par un terrible incendie [...]. La cause du départ de feu n'a pas encore été confirmée avec certitude, la piste d'un court-circuit est largement privilégiée. [...] Si le « papa » d'Astérix et Obélix n'a pas été blessé, plusieurs planches et tableaux ont malheureusement été perdus.

www.purepeople.com, 05/01/2017

En Ariège, Jean-Yves Ferri fait renaître les aventures d'Astérix. [...] Après la mort de Goscinny en 1977, Uderzo poursuit seul la série, puis passe la main en 2013 au tandem Ferri-Conrad. « *Je conçois le story-board et Conrad, depuis le Texas, se charge du dessin.* » [...] La phase de conception est « *top secret, ça fait partie du contrat avec les éditions Hachette. C'est difficile car on ne peut pas prendre la température des idées.* »

S. Vigroux, www.ladepeche.fr, 24/07/2015

9 L'incendie touchant la famille Uderzo est-il un fait ou un acte juridique ? Justifiez. Doc. 5 et Doc. 6

c'est un fait juridique, involontaire.

10 Dans quel but doit-on le prouver à l'assureur ? Doc. 5 et Doc. 6

La famille devra prouver la réalité de l'incendie afin d'être indemnisé par la compagnie d'assurance

11 Pourquoi selon vous, la preuve des faits juridiques peut-elle être apportée par tous moyens ? Doc. 7

le fait juridique est un événement dont les effets juridique sont involontaire ca n'a pas été voulue.

12 La discrétion de Jean-Yves Ferri est-elle dictée par un fait ou par un acte juridique ? Justifiez. Doc. 5 et Doc. 6

C'est un acte juridique, monsieur Ferri a conclu un contrat

13 Pourquoi les éditions Hachette pourraient-elles avoir à prouver cette obligation de discrétion ? Doc. 5 et Doc. 6

Si le duo Ferri-conrad ne respectait pas l'obligation de discrétion. Les éditions hachette pourrait intenter une action en justice pour non respect

14 Que rappelle la Cour de cassation dans son arrêt du 29 octobre 2014 ? Doc. 8

rapelle l'exigence d'une preuve écrite, concernant des obligations supérieures à un montant de 1500 €.

15 D'après vous, pourquoi les actes juridiques doivent-ils être prouvés en principe par un écrit ? Doc. 5, Doc. 6 et Doc. 7

acte juridique = voulue. Les parties doivent envisager l'éventualité d'un litige et rédiger un écrit afin de prouver leurs prétentions.

Allez plus loin ! STMG_CH03_plus_loin_partie2.pdf

3 Apprécier la force probante d'un élément de preuve

DOC. 9 La charge de la preuve

Article 1353 du Code civil

Celui qui réclame l'exécution d'une obligation doit la prouver. Réciproquement, celui qui se prétend libéré doit justifier le paiement ou le fait qui a produit l'extinction de son obligation.

Article 9 du Code de procédure civile

Il incombe à chaque partie de prouver conformément à la loi les faits nécessaires au succès de sa prétention.

DOC. 10 Les preuves parfaites

Les preuves écrites sont celles qui lient le juge et s'imposent à lui, sans qu'il ait un pouvoir d'appréciation. À côté de l'aveu judiciaire, il existe deux types de **preuves parfaites écrites** :

- **L'acte authentique :** rédigé soit par un notaire soit par un huissier de justice. C'est un écrit dont la contestation relève d'une procédure complexe. Dans certains cas l'acte authentique est obligatoire comme pour la vente d'un immeuble, une donation, un contrat de mariage.
- **L'acte sous seing privé :** écrit par une personne privée ; son origine comme son contenu peuvent être contestés par une preuve contraire.

Depuis la loi du 13 mars 2000, l'écrit sur support électronique a la même force probante (donc la même valeur de preuve devant un tribunal) que l'écrit sur papier traditionnel.

DOC. 11 Les preuves imparfaites

Les preuves non écrites (ou imparfaites) sont constituées, entre autres, par les témoignages et les présomptions. Les preuves imparfaites laissent au juge la liberté de les apprécier et de les interpréter.

Les témoignages

Ce sont les déclarations, écrites ou orales, qui émanent de tiers, non parties au procès, concernant des faits dont ils ont eu personnellement connaissance.

Les présomptions judiciaires

Ce sont les déductions qu'un juge tire de faits connus pour établir des faits inconnus. Il ne peut retenir que des présomptions graves, précises et concordantes pour forger sa conviction. Ex. : la longueur des traces de freinage (indice, fait connu) pour démontrer la vitesse excessive (fait inconnu) d'un véhicule.

Vidéo « *La notion de preuve en droit (les témoignages)* » – Autonome de Solidarité Laïque – youtu.be/UXFkPvUtA4s

DOC. 12 L'intime conviction du juge

Il appartient donc au juge de forger sa conviction en son âme et conscience, à partir des éléments qui lui ont été soumis. En d'autres termes, les preuves parfaites relèvent d'un système de preuve légale, tandis que les preuves imparfaites se rattachent au principe de l'intime conviction.

Thierry Le Bars, *La réforme du droit des contrats*, Gualino, p. 413, 2016.

DOC. 13 Le rôle des présomptions légales

Dans trois types de situations, **le demandeur est dispensé d'apporter la preuve de ses affirmations**, qui sont considérées par défaut comme établies. On parle alors de **présomptions légales**.

- Les **présomptions irréfragables** : elles interdisent au défendeur de prouver le contraire.
- Les **présomptions simples** : le défendeur est autorisé à prouver que la prétention du demandeur (et la présomption légale) est inexacte.
- Les **présomptions mixtes** : le défendeur ne peut les combattre que par les moyens prévus par la loi.

Situation Sylvie Uderzo conteste la vente des éditions Albert-René à Hachette livres. La [...] fille unique d'Albert, le dessinateur d'Astérix, est en conflit ouvert avec son père à propos d'un litige sur la propriété des droits du célèbre personnage de bande dessinée. [...] Elle vient de décider d'intenter une action en justice. Sylvie Uderzo est détentrice de 40 % des Éditions Albert-René qui exploitent les 33 albums de la série. Or, elle a été exclue de la négociation qui a conduit au rachat définitif de la société par Hachette Livre, en décembre 2008 [devant notaire]. Le numéro un de l'édition française avait acquis les parts d'Albert Uderzo (40 %) et celles d'Anne Goscinny (20 %), fille et héritière de René Goscinny, l'autre « père » d'Astérix.

A. Beuve-Méry, « Astérix au tribunal », www.lemonde.fr, 29/01/2009

16 Sur qui pèse la charge de la preuve dans ce conflit ? Pourquoi ? Doc. 9

Sylvie Uderzo, car elle n'a pas reçu les droits sur la BD

17 Le contrat de rachat par Hachette est-il sous seing privé ou autenthique ?
Quel est l'intérêt de recourir à ce type d'écrit ? Doc. 10

Le contrat a été signé devant notaire, acte authentique, recourir à ce type d'écrit est difficile à contester ça s'impose aux juges, pas de pv appréciation

18 Pourquoi les preuves écrites sont-elles qualifiées de parfaites ? Doc. 10

l'écrit soupçon électronique à la même force probante

Situation Sylvie Uderzo a également porté plainte contre X pour abus de faiblesse sur la personne de son père (profiter de la faiblesse d'une personne pour obtenir d'elle un avantage contraire à ses intérêts). Le juge va devoir entendre les témoignages de l'entourage d'Uderzo pour se prononcer.

19 Les témoignages vont-ils s'imposer au juge ? Pourquoi parle-t-on d'intime conviction du juge ?
Doc. 11 et Doc. 12

Témoignage = preuve imparfaite, donc le juge autorise leur appréciation
le juge doit donner son opinion

20 Outre les témoignages, quel autre moyen de preuve imparfaite les juges peuvent-ils retenir pour établir l'abus de faiblesse ? Doc. 11 et Doc. 12

Le juge peut recourir a une expertise psychiatrique concernant l'état d'Uderzo le jour du contrat

21 Dans les exemples suivants, dites si la règle de droit est posée par une présomption irréfragable, une présomption simple ou une présomption mixte. Doc. 13

a. Selon l'article 312 du Code civil, l'enfant d'un couple marié est présumé être le fils du mari, mais il n'est pas interdit à celui-ci d'engager une action en désaveu de paternité : simple

b. Selon l'article L.1242-12 du Code du travail, un contrat de travail non écrit est un CDI, la loi ne permettant pas à l'employeur d'établir la preuve contraire : irréfragable

c. Selon l'article 1402 du Code civil, les biens des époux mariés sans contrat sont présumés communs, mais si un époux revendique la propriété exclusive d'un bien, le juge pourra prendre en considération tout écrit (documents de banque, factures…) : mixte

Allez plus loin ! STMG_CH03_plus_loin_partie3.pdf

Applications

1 Tester vos connaissances

Répondez par vrai ou par faux aux propositions suivantes.

1. Le demandeur est celui qui introduit l'action en justice.
☒ Vrai ☐ Faux

2. La preuve d'un acte juridique doit être écrite car les effets de l'acte ont été voulus par les parties, qui ont aussi envisagé leurs conséquences juridiques.
☒ Vrai ☐ Faux

3. L'écrit est toujours obligatoire pour prouver un acte juridique.
☐ Vrai ☒ Faux

4. Un acte sous seing privé est un écrit rédigé et signé par des particuliers s'engageant les uns envers les autres.
☒ Vrai ☐ Faux

5. Les preuves écrites sont parfaites car elles sont difficiles à contester.
☒ Vrai ☐ Faux

6. Les présomptions irréfragables ne permettent pas d'apporter la preuve contraire.
☒ Vrai ☐ Faux

7. Les témoignages ont davantage de force probante que les actes authentiques.
☐ Vrai ☒ Faux

8. Les témoignages sont laissés à la libre appréciation du juge qui se forge alors son intime conviction.
☒ Vrai ☐ Faux

2 Régler un conflit avant qu'il ne devienne un litige

1. Quel est le rôle du site Internet litige.fr ?
2. Pourquoi Mathilde est-elle en conflit avec son opérateur de téléphonie mobile ?
3. De quel type de litige s'agit-il ?
4. Par quelle procédure le litige entre Mathilde et l'opérateur a-t-il été résolu ?
5. Quelles sont les conditions à respecter pour utiliser ce type de procédure ?

DOC. Réglez tous vos litiges du quotidien

Consommation, logement, vie professionnelle, voyage, assurance, télécoms… Nous proposons chaque jour – en plus d'une information juridique adaptée au consommateur – la possibilité d'engager gratuitement une première tentative de conciliation amiable avec votre adversaire en cas de litige : la lettre de mise en cause. Sans besoin de l'imprimer, ni de la poster, cette lettre amiable est envoyée par nos soins à votre adversaire afin de le rappeler à ses obligations, d'un simple clic. […] Notre expérience démontre que bien souvent, un simple coup de pression juridique suffit à désamorcer une situation de litige, sans qu'il soit besoin d'engager d'importants frais juridiques. Pour qu'aucune pratique abusive ne reste sans réponse, nous offrons aux consommateurs, aux particuliers, des armes juridiques généralement réservées aux professionnels et aux grands groupes.

« Qui sommes-nous ? », www.litige.fr / DemanderJustice

Vidéo « *Litige.fr* » – *C'est au programme* sur France 2.
www.litige.fr/c-est-au-programme-france-2-sophie-davant-regler-ses-litiges-sans-avocat
Lien court : bit.ly/2WWU8KG

3 Identifier les éléments d'un litige

★

Vos données personnelles sur les réseaux sociaux sont-elles des marchandises ? C'est ce que laisse à penser une décision récente du tribunal de grande instance de Paris. Twitter commercialise ces données pour vendre de la publicité ciblée aux utilisateurs. Ainsi, ces derniers deviennent des consommateurs et le droit de la consommation doit s'appliquer. Sans une demande explicite de la part de Twitter, les photos et autres tweets ne pourront plus faire l'objet d'une exploitation commerciale.

1. Quelles sont les parties en présence ?
2. Qui est le demandeur ? Qui est le défendeur ?
3. Quelles sont les prétentions de l'UFC – Que Choisir ?
4. Sur quels moyens de droit s'appuient-elles ?
5. Quel problème juridique était soumis aux juges ?
6. Quelle solution ce litige a-t-il reçue ?

DOC. 1 Twitter condamné

En 2014, après des mois de discussions amiables infructueuses, l'UFC-Que Choisir assignait Twitter en justice pour faire reconnaître le caractère abusif ou illicite de dizaines de clauses contenues dans ses conditions générales d'utilisation. Après quatre années de procédures, compliquées par la modification des conditions générales en cours de route, le tribunal de grande instance de Paris vient de trancher. Twitter est condamné à 30 000 € pour le préjudice moral porté à l'intérêt collectif des consommateurs. Cette sanction financière est insignifiante pour le réseau social, qui a généré en 2017 un chiffre d'affaires mondial de 2,1 milliards de dollars (sans toutefois dégager de bénéfices). Mais la condamnation a une portée gigantesque pour la protection des données personnelles des utilisateurs. Car bien que plusieurs des clauses contestées ne soient plus appliquées, la décision du tribunal interdit qu'elles ne réapparaissent à l'avenir et acte plusieurs principes fondamentaux.

C. Gruhier, « Clauses abusives, Twitter condamné », www.quechoisir.org, 09/08/2018

DOC. 2 Article L. 212-1 du Code de la consommation (extrait)

Dans les contrats conclus entre professionnels et consommateurs, sont abusives les clauses qui ont pour objet ou pour effet de créer, au détriment du consommateur, un déséquilibre significatif entre les droits et obligations des parties au contrat.

4 Déterminer l'objet de la preuve

★★

Mme Prune, veuve, est décédée sans enfant le 5 juin 2019. Sa nièce, Mlle Sabat, est en possession d'une lettre datée de 2005 dans laquelle la défunte l'avisait qu'elle avait rédigé un testament lui attribuant sa maison et les sommes qu'elle détiendrait à la banque le jour de son décès. Ce document avait été déposé chez son notaire.

Mlle Sabat apprend du notaire qu'en septembre 2018, Mme Prune lui avait confié un nouveau testament annulant celui de 2005 et désignant comme légataire de tous ses biens M. Briard, un ami rencontré depuis peu.

Mlle Sabat se rappelle que depuis deux ans sa tante avait eu de fréquents troubles psychologiques et avait même consulté des médecins qui lui avaient conseillé, en vain, une hospitalisation en service de soins psychiatriques. Elle pense agir en justice pour faire annuler le second testament.

1. Quel est le litige dans la situation présentée ci-dessus ?
2. Qu'est-ce que Mlle Sabat doit prouver ? Un acte juridique ? Un fait juridique ?
3. Sur quels modes de preuve peut-elle s'appuyer ?

5 Identifier l'objet de la preuve et apprécier la force probante d'un SMS

★★

1. Quel est l'objet de la preuve dans cette affaire ?
2. Pourquoi peut-on dire qu'un écrit était moralement impossible à obtenir pour le créancier ?
3. Quelle est la conséquence de ce constat sur les moyens de preuve admissible ?
4. Au regard de leur contenu, quel type de preuve les SMS ont-ils constitué selon vous ?

DOC. Sur la valeur juridique du SMS et des MMS

Savez-vous que les SMS, MMS que vous envoyez ou recevez peuvent devenir des armes sur le plan juridique et vous permettre de retourner une situation en votre faveur, ou se retourner contre vous ? Ces éléments, en ce qu'ils permettent de communiquer des informations précises, constituent des moyens de preuve, pouvant venir à votre secours lorsque vous êtes coincés.
Dans une affaire jugée dernièrement, deux personnes (en l'espèce un amoureux et une amoureuse) étaient en couple. L'existence de cette relation intime, et l'intensité de l'amour qui rend aveugle, avait amené l'amoureux à prêter de l'argent à l'amoureuse sans prendre la peine de rédiger un écrit. Comme tout a malheureusement une fin, les amoureux ont fini par se séparer. L'amoureuse ne voulait pas rembourser les sommes prêtées.
L'amoureux se serait trouvé démuni, faute de moyen de preuve, de pouvoir justifier que le prêt existait. Heureusement qu'il lui restait deux SMS, reçus à la belle époque où ils croyaient en l'amour fou, où l'amoureuse lui promettait de le rembourser petit à petit jusqu'à l'épuisement de la dette… Ouf ! On revenait de loin.

« Maître Hugues Tameze, avocat au Barreau de Paris, apporte quelques éclairages », www.avocat-tameze.com, 01/02/2018

6 Apprécier la force probante de l'écrit électronique

★★

M. X. conteste l'obligation mise à sa charge par les juges de payer son adhésion à une assurance. Il niait avoir signé *sous forme électronique* une demande d'adhésion auprès de la société d'assurance, alors que le document d'adhésion portait mention de l'intervention de la plateforme de contractualisation en ligne Contraleo, permettant l'identification et l'authentification des signataires.

1. Qui sont les parties dans cette affaire (demandeur/défendeur) ?
2. Qualifiez les faits du litige et faites ressortir le problème juridique.
3. Quel est l'enjeu de la preuve dans cette affaire ?
4. Selon le Code civil, à quelles conditions l'écrit électronique constitue-t-il une preuve parfaite, au même titre qu'un écrit sur support papier ?
5. Comment les juges ont-ils réglé ce conflit ?

DOC. 1 Décision de la Cour de cassation, 1re chambre civile, 6 avril 2016 (extrait)

La Cour de cassation relève que les juges ont retenu « que la demande d'adhésion sous forme électronique a été établie et conservée dans des conditions de nature à garantir son intégrité, que la signature a été identifiée par un procédé fiable garantissant le lien de la signature électronique avec l'acte auquel elle s'attache, et que la demande d'adhésion [...] porte mention de la délivrance de ce document par la plate-forme de contractualisation en ligne Contraleo, permettant une identification et une authentification précise des signataires [...] ».
De ce fait la Cour de cassation rejette les arguments de M. X.

DOC. 2 Code civil – Article 1366

L'écrit électronique a la même force probante que l'écrit sur support papier, sous réserve que puisse être dûment identifiée la personne dont il émane et qu'il soit établi et conservé dans des conditions de nature à en garantir l'intégrité.

7 Se préparer au bac — Indiquer la ou les solutions juridiques possibles et rédiger la réponse

Pour cette application, vous pouvez vous aider de la fiche méthode 4.

Restaurateur à Thorigné-en-Charnie, en Mayenne, Daniel Leroy a été condamné [...] par la justice. Il avait installé un système de vidéosurveillance sans en informer par écrit une salariée. Pourtant, selon lui, cette dernière le volait. [...]
Une caméra de vidéosurveillance, qui vient d'être installée dans son établissement, la montre en train de « détourner de l'argent » de la caisse, diront les gendarmes. Ce qu'elle reconnaît devant eux. Et même si l'employée porte plainte pour licenciement abusif devant les prud'hommes, son ancien patron ne doute pas de son bon droit. Sauf que l'histoire s'est inversée. « Maintenant, c'est moi le coupable. Enfin, je le vis comme ça », se désole Daniel Leroy.
Le 20 septembre, la Cour de cassation a estimé que le licenciement était « abusif », les preuves des vols ayant été obtenues « de façon illicite ». Puisque la caméra a été installée sans que la salariée en soit informée. Et voilà Daniel Leroy condamné à verser plus de 10 000 € à son ancienne employée. « Avec les frais d'avocat, cette affaire va me coûter plus de 20 000 €. Je suis en colère ! »

J.-F. Vallée, « Commerce. Une caméra pour surveiller sa caissière : le patron s'explique », www.ouest-france.fr, 05/10/2018

1. Qualifiez juridiquement les faits à l'origine de cette affaire.
2. Quel est l'objet de la preuve rapportée par l'employeur ? Quel mode de preuve peut-on utiliser, en principe, dans cette situation ?
3. Les faits reprochés à la salariée ont-ils été établis ? Quelle sanction logique l'employeur pensait-il pouvoir appliquer ?
4. Pour quelles raisons le restaurateur a-t-il pourtant été condamné ?
5. En quoi cette affaire montre-t-elle que les moyens de preuve admis en justice doivent être des moyens licites ?

DOC. 1 Article 9 du Code de procédure civile

Il incombe à chaque partie de prouver conformément à la loi les faits nécessaires au succès de sa prétention.

DOC. 2 Arrêt de la Cour de cassation du 2 février 2011 (extrait)

Attendu qu'en tout état de cause, que le salarié ayant droit, même au temps et au lieu de travail, au respect de sa vie privée, l'employeur ne peut, pour surveiller son travail, utiliser que des moyens qui ne portent pas une atteinte injustifiée et disproportionnée à la vie privée et aux libertés du salarié ; que même à supposer que les caméras vidéo aient eu également pour finalité de surveiller l'activité des salariés et que ceux-ci en aient été informés, la cour d'appel se devait de rechercher si l'atteinte que ces caméras portent à la vie privée des salariés était non seulement justifiée mais aussi proportionnée à l'objectif poursuivi [...].

DOC. 3 Licencier un salarié pour faute

Un enregistrement de l'activité des salariés réalisé au moyen d'un dispositif de vidéosurveillance installé dans les locaux de travail constitue un moyen de preuve licite, dès lors que les représentants du personnel ont été préalablement consultés et que les salariés ont été préalablement informés [...].
Et ce, quand bien même les caméras auraient initialement été mises en place pour répondre à un impératif de sécurité (prévention des risques d'intrusion de personnes étrangères à l'entreprise, des risques de vol, etc.) et que le contrôle de l'activité du personnel ne soit pas leur fonction première. [...]
Inversement, toute preuve obtenue au moyen d'un dispositif de surveillance ne remplissant pas les conditions cumulatives précitées est considérée comme illicite, privant ainsi le licenciement de toute cause réelle et sérieuse, quand bien même les informations recueillies par la vidéosurveillance seraient accablantes.

P. Forzinetti, « Une vidéosurveillance illicite ne peut servir de preuve à la faute grave ! », www.juritravail.com, 31/10/2018

Synthèse

Le litige et la preuve

Les éléments d'un litige → Les faits, les parties, leurs prétentions, les moyens de droit

Le règlement d'un litige → Tentative de règlement amiable
- En cas d'accord : accord amiable
- En cas d'échec : recours au juge → **Preuve indispensable**

L'objet de la preuve et le mode de preuve qui en découle
- **Un acte juridique :** contrat, testament → Preuve écrite ou assimilée, sauf exceptions
- **Un fait juridique :** événement naturel, accident → Preuve par tous moyens

La charge de la preuve
- Le demandeur prouve ses prétentions
- Le défendeur peut apporter la preuve contraire

(Exception des présomptions légales)

La force probante des éléments de preuve
- **Preuves parfaites** : elles s'imposent au juge →
  - Aveu judiciaire
  - Écrits : actes authentique ou sous seing privé, sur support papier ou électronique
- **Preuves imparfaites** : elles laissent le juge libre de les apprécier en fonction de son **intime conviction** →
  - Témoignages
  - Présomptions judicaires

Rédigez votre synthèse personnelle à l'aide des mots-clés suivants :

- Litige
- Demandeur, défendeur
- Prétentions
- Accord amiable
- Acte et fait juridiques
- Présomption
- Charge et mode de preuve
- Preuve électronique
- Acte authentique et sous signature privée
- Témoignage, aveu
- Intime conviction du juge

Le recours au juge

4

Capacités

- Déterminer la juridiction qui a prononcé une décision de justice
- Sélectionner la juridiction susceptible de juger un litige
- Distinguer le rôle du procès civil et du procès pénal
- Expliquer les enjeux de la constitution de partie civile
- Identifier les phases d'un procès

Avant la classe

Vidéo : Procès Hallyday - BFM TV
dai.ly/x74xuca

Vidéo : Le procès des rappeurs Booba et Kaaris – France24
youtu.be/oMninzz9gWI

Quel est le point de départ de chacune de ces deux affaires ?

Situations

SHOWBIZ ET PROCÉDURES

Héritage de Johnny Hallyday, la justice s'en mêle

Le 15 mars 2018 aura lieu le premier round judiciaire concernant la guerre de succession qui divise le clan Hallyday. [...] David Hallyday et Laura Smet ont déposé une assignation devant la justice française pour contester les modalités de succession de leur père Johnny, rédigées aux États-Unis, où il a résidé. Les deux aînés estiment que ce testament les « *déshérite* », ce qui est impossible en droit français.

M. Rouyer, www.gala.fr, © Prisma Media, 12/03/2018

Booba-Kaaris : tout ce qu'il faut retenir de leur procès

Les deux rappeurs et neuf de leurs proches impliqués dans la rixe du 1er août [2018] à l'aéroport d'Orly ont été entendus jeudi par le tribunal correctionnel de Créteil. [...] Les deux rappeurs, de leurs vrais noms Elie Yaffa et Okou Armand Gnakouri, ont été entendus avec neuf de leurs proches impliqués dans la rixe durant un (très) long procès. Ils risquaient jusqu'à 10 ans de prison et 120 000 euros d'amende pour « violences aggravées » et, dans certains cas, « vol ».

L. Trichot, « Booba-Kaaris : tout ce qu'il faut retenir de leur procès », www.lefigaro.fr, 07/09/2018

1 Sélectionner la juridiction susceptible de juger un litige

DOC. 1 Les différentes juridictions du 1er degré

Les différents tribunaux sont des **juridictions** dites du **1er degré** si elles jugent un litige pour une première fois.

1 **Les juridictions de l'ordre judiciaire** se classent en deux catégories, correspondant à leur rôle dans le règlement des conflits :

- les **juridictions de droit privé** (juridictions civiles ou spécialisées) jugent les litiges entre les personnes privées : particuliers et entreprises ;
- les **juridictions de droit pénal** (ou répressives) prononcent les peines contre les auteurs d'infractions.

2 **Les juridictions de l'ordre administratif** interviennent dans les litiges mettant en cause l'administration (État, collectivités territoriales, etc.), qui peut être en conflit avec des citoyens ou avec des entreprises.

DOC. 2 La compétence d'attribution des juridictions de droit privé du 1er degré

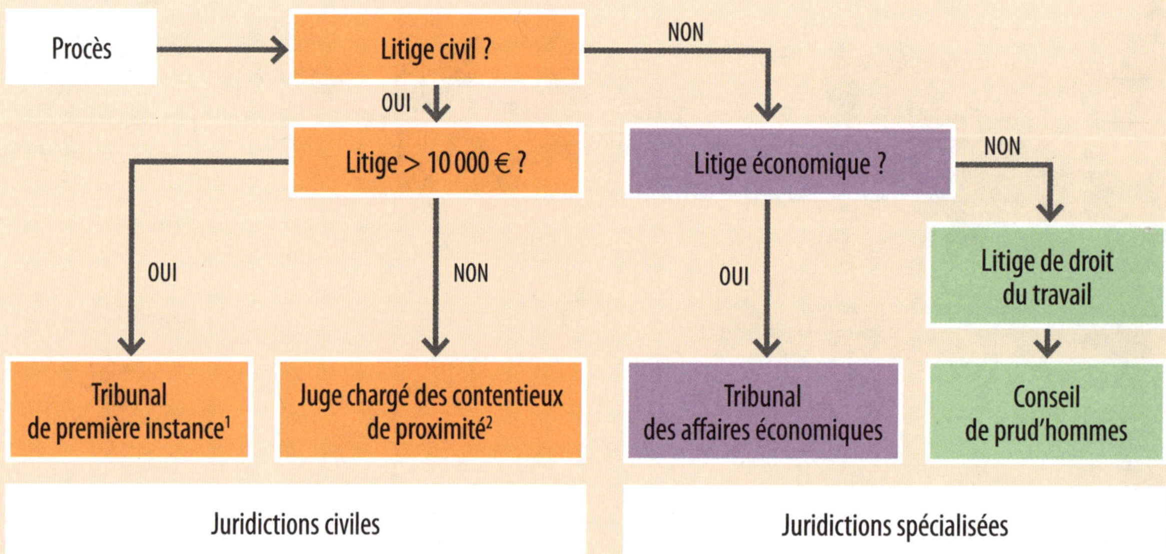

1. Anciens tribunaux de grande instance et d'instance. + Compétences spécifiques : divorces, litiges immobiliers, sur successions, etc.
2. Juge délégué du TPI. + Compétence en matière de baux d'habitation, de droit de la consommation, de surendettement, etc.

DOC. 3 La compétence d'attribution des juridictions de droit pénal

Contraventions
Ex. : la plupart des infractions routières, pollution, tapage nocturne
→ Tribunal de police

Délits
Ex. : vol, abus de confiance, escroquerie, homicide involontaire
→ Tribunal correctionnel

Crimes
Ex. : meurtre, assassinat, viol, séquestration avec torture
→ Cour d'assises

Situation

Le bras de fer judiciaire continue autour de l'héritage de Johnny Hallyday en France. Le tribunal de grande instance [aujourd'hui de 1re instance] de Nanterre a commencé à examiner ce vendredi 30 mars 2018 la requête des aînés du chanteur qui s'estiment lésés par rapport à son épouse et demandent le gel de ses avoirs ainsi qu'un droit de regard sur son album posthume.

« Héritage Hallyday : la justice française se saisit du dossier », www.rfi.fr, 30/03/2018

1 La contestation du testament de Johnny Hallyday est-elle un conflit entre particuliers, la poursuite d'une infraction ou un litige avec l'administration ? Doc. 1

La contestation du testament de J.H est un conflit entre particuliers

2 Justifiez l'attribution de cette affaire au tribunal de grande instance. Doc. 2

C'est un litige car le tribunal de grande instance est compétant en matière de succession.

3 Dans quel but les différents litiges de droit privé sont-ils jugés par des juridictions spécifiques ? Doc. 2

les règles de droit sont privé il faut des juges spécialisés pour garantir une bonne justice

4 Quelle est la juridiction compétente pour juger les affaires suivantes ? Doc. 2

a. Un salarié s'estime licencié à tort : conseil de prud'hommes

b. Un agriculteur revendique une parcelle de terrain : tribunal première instance

c. La victime d'un accident réclame 20 000 € d'indemnité : TPI

d. Un contribuable conteste en justice son impôt sur le revenu : tribunal administratif

e. Un commerçant est poursuivi par son banquier :

Situation

Début du procès des rappeurs Booba et Kaaris : ils comparaissent jeudi [6 septembre 2018] devant le tribunal correctionnel, un peu plus d'un mois après leur bagarre à Orly. Ils risquent jusqu'à 10 ans de prison.

www.lemonde.fr, 06/09/2018

5 L'affaire de Booba et Kaaris constitue-t-elle un litige de droit privé, de droit administratif ou de droit pénal ? Doc. 1

droit pénal

6 Classez les infractions poursuivies par les juridictions répressives selon leur gravité. Doc. 2

contravention < délits < crimes

7 Pourquoi, selon vous, l'homicide involontaire est-il un délit et non pas un crime ? Doc. 3

~~car ils n'ont pas~~ car il n'est pas voulu

Allez plus loin ! STMG_CH04_plus_loin_partie1.pdf

2 Distinguer le rôle du procès civil et du procès pénal

DOC. 4 Le principe du procès équitable

4 RÈGLES AU SERVICE D'UN PRINCIPE FONDAMENTAL

1. **La neutralité des juges** (toute personne a le droit d'être jugée par un juge indépendant et impartial)
+ 2. **Le principe du contradictoire** (chaque partie a la possibilité de faire valoir son point de vue)
+ 3. **La publicité des débats** (en principe, ouverture au public des salles d'audience des tribunaux)
+ 4. **Les droits de la défense** (l'absence d'une partie à un procès, dûment convoquée, lui ouvre la possibilité d'un recours contre la décision rendue)

= **PROCÈS ÉQUITABLE**

DOC. 5 Une application du principe du droit au procès équitable

Dans le cadre d'une procédure pénale, l'expression « *droits de la défense* » désigne l'ensemble des droits reconnus aux personnes poursuivies ou soupçonnées d'une infraction […]. Ces droits sont notamment le droit au **respect de la présomption d'innocence [toute personne poursuivie pour une infraction est réputée innocente tant que sa culpabilité n'a pas été légalement démontrée]**, le droit à un avocat dès le début de la procédure, le droit à un procès dans le cadre de débats contradictoires, le droit d'exercer des recours…

« Le droit à un procès équitable », www.justice.gouv.fr, 01/07/2002

DOC. 6 Identifier le rôle du procès civil

Le procès devant les juridictions de droit privé (procès « civil ») vise à régler un litige entre des personnes privées (personnes physiques ou personnes morales), que ce litige trouve sa source dans un dommage subi, dans l'inexécution d'un contrat, dans une cause familiale, etc. La finalité de ce type de procès est donc soit de réparer un dommage (après un accident par exemple), soit de sanctionner la violation d'un contrat (comme dans le cas du salarié licencié à tort par exemple), soit d'annuler un contrat (pour défaut d'une condition de validité par exemple), soit de régler un différend familial (comme en cas de divorce ou de contestation de succession par exemple), soit de faire remettre des choses en l'état (comme en cas d'élévation d'un mur sans droit), etc.

DOC. 7 Identifier le rôle du procès pénal

Le procès pénal a pour but de sanctionner les atteintes à l'ordre public résultant des infractions, et par là même de jouer également un rôle de prévention par la dissuasion.

Contraventions	Délits	Crimes
Amende jusqu'à 1 500 €, peine privative de droit (suspension de permis).	Emprisonnement (maximum 10 ans), peine alternative (travaux d'intérêt général), amende d'au moins 3 750 €.	Réclusion criminelle « à temps » ou à perpétuité, ferme ou avec sursis, amende d'au moins 3 750 €.

DOC. 8 Les enjeux de la constitution de partie civile

La constitution de partie civile – de la part de la victime – vise à obtenir réparation du préjudice subi du fait de l'infraction (préjudice corporel, matériel ou moral). Cette démarche enrichit le rôle de la procédure pénale, puisqu'elle permet d'associer à la peine infligée à l'auteur de l'infraction (prison, amende, etc.) la condamnation à indemniser les personnes qui ont été victimes de ses agissements.

Situation David Hallyday n'envisage pas d'autre issue que judiciaire au conflit qui l'oppose à Laeticia Hallyday. Selon les termes rapportés par le journal *Gala*, Sylvie Vartan – sa mère – et David ont « *confiance en la justice* ».

8 Selon vous, quelles sont les règles de notre système judiciaire qui permettent à David Hallyday d'affirmer sa confiance dans la justice ? Doc. 4

Il peut compter sur l'application des 4 règles de procédure permettant procès équitable

9 Expliquez en quoi la présomption d'innocence illustre le droit au procès équitable en droit pénal. Doc. 5

En droit pénal c'est à la justice d'établir la culpabilité de la personne accusée => droit de la défense.

10 Précisez quel type de jugement fait suite aux cas suivants (choisissez le numéro dans la liste) : Doc. 6

a. Réclamation d'un salarié licencié sans cause réelle et sérieuse : 1 **b.** Déclaration d'altération des facultés mentales d'un majeur : 4 **c.** Retard de livraison et manque à gagner commercial : 1 **d.** Acte de concurrence déloyale : 3/1 **e.** Revendication de la propriété d'un terrain : 2

Liste des jugements : **1.** condamnation à dommages et intérêts ; **2.** saisie d'un bien pour restitution ; **3.** obligation de cesser un comportement ; **4.** mise sous tutelle.

Situation Procès de Booba et Kaaris : les deux rappeurs […], poursuivis pour violences aggravées et vols en réunion, ont été condamnés ce mardi à dix-huit mois de prison avec sursis par le tribunal correctionnel de Créteil. […] Le 1er août, les deux ennemis du rap français s'étaient opposés avec leurs clans dans une violente bagarre, en pleine salle d'embarquement de l'aéroport d'Orly (Val-de-Marne) […]. Les deux teams s'étaient notamment battus à coups de pied, de poings et de flasques de parfum dans un *duty-free*, occasionnant des dégâts estimés à 50 000 euros. Une audience aura d'ailleurs lieu le 17 janvier [2019] pour fixer le montant des dommages et intérêts à verser aux parties civiles, dont le groupe Aéroports de Paris.

C. Pilorget-Rezzouk, « Procès de Booba et Kaaris : "C'est un jugement de Salomon" », www.liberation.fr, 09/10/2018

Le groupe Aéroports de Paris avait également porté plainte pour trouble à l'ordre public avec préjudice d'image et financier, ainsi que pour mise en danger de la vie d'autrui.

11 Comment jugez-vous la sanction pénale infligée à Booba et Kaaris au regard des peines encourues ? Comment cela peut-il s'expliquer ? Doc. 7

Violence agravé et vols en réunions sont des délis pouvant entrainer jusqu'à 10 ans de prison les rappeur ont était condamnée a du sursis car il n'était pas récidiviste.

12 Quelle autre sanction est encourue dans cette affaire ? Quelle est sa finalité ? Doc. 7 et Doc. 8

Ils devront payés des dommage intérêt pour réparer le préjudice subis par les victimes

13 Distinguez les finalités du dépôt de plainte et de la constitution de partie civile. Doc. 8

le dépôt de plainte permet de déclencher les poursuite pénal tandis que la constitution de parti civil vise a obtenir une réparation pécuniaire pour le préjudice resultant de l'infraction

Allez plus loin ! STMG_CH04_plus_loin_partie2.pdf

3 Identifier les phases d'un procès

DOC. 9 Identifier les étapes du procès civil au tribunal de première instance (TPI)

Les suites d'un surendettement

Yann Lucat a des difficultés financières. Il ne paye plus le remboursement de son prêt immobilier. Après plusieurs relances, la banque l'**assigne** *(1. C'est l'acte d'huissier qui informe le défendeur de l'action en justice)* devant le TPI. Le président **fixe au mois suivant la date** de l'audition des parties *(2. C'est l'enrôlement, qui suit la saisine du tribunal)*. L'avocat de la banque et celui de Yann Lucat ayant échangé leurs conclusions, **mise en état de l'affaire** *(3. Elle permet au tribunal de mener l'instruction)*. Au jour qui avait été fixé lors de l'enrôlement, l'**audience** a lieu *(4. C'est le moment où les demandes et arguments des parties sont exposés)* et le tribunal entend les deux avocats, l'un exigeant le remboursement de toutes les échéances impayées, l'autre présentant une demande de délai. Le président du TPI préfère mettre l'affaire en **délibéré** *(5. C'est un délai de réflexion)* et c'est un mois après que les parties sont avisées que le **jugement** *(6. C'est la décision des juges)* accorde un délai de paiement d'un an au débiteur.

DOC. 10 Identifier les étapes du procès pénal

BANALE ET TRISTE HISTOIRE !

Mme Yvonne Placet a été attaquée dans la rue par Sylvain Truche, un jeune malfrat qui lui a arraché son sac et l'a projetée à terre où elle s'est blessée. Elle a **porté plainte (1)** contre le délinquant qui a été reconnu par des témoins. **Le procureur de la République a décidé de poursuivre (2)** et le **juge d'instruction**, après une rapide enquête, **a mis en examen (3)** Sylvain Truche pour coups et blessures volontaires et vol. Le tribunal correctionnel vient de rendre son **jugement (4)** : le jeune voyou a été condamné à 2 ans de prison. Mme Placet s'étant portée partie civile, le tribunal lui a attribué une indemnité de 12 500 € dont devra s'acquitter Sylvain Truche.

1 La constatation de l'infraction
– par la police ou la gendarmerie ; la victime peut **porter plainte**.

→

2 La décision de poursuivre
– par le ministère public (« le parquet ») : procureur de la République, substituts. Selon la gravité des faits, le parquet décide soit de classer sans suite (pas de procès), soit de poursuivre.

→

3 L'instruction
– effectuée par le juge d'instruction, qui cherche toutes les preuves, pour établir s'il y a lieu ou non de **mettre en examen** l'auteur présumé des faits.

→

4 Le jugement – le président du tribunal interroge le prévenu, la victime (éventuellement « partie civile »), ensuite les témoins. Il donne la parole au ministère public, qui représente l'intérêt public. Le prévenu – ou son avocat – a la parole en dernier. Une fois les débats terminés, le tribunal rend son **jugement** ou bien il met l'affaire en **délibéré**.

Détention provisoire

Une personne poursuivie en matière pénale peut être placée en prison avant le procès, sous le régime de la détention provisoire. Il s'agit d'une exception à la présomption d'innocence, qui est très encadrée par la loi, notamment en ce qui concerne sa motivation et sa durée. La détention provisoire peut être ordonnée lors de l'instruction.

« Détention provisoire », www.service-public.fr

Situation Héritage de Johnny Hallyday : la perspective d'un procès se confirme. Une première audience jeudi autour de la contestation de l'héritage de Johnny Hallyday par ses enfants a renvoyé la suite des débats au 22 novembre. La proposition de médiation [faite au mois de mai] portée par les avocats de Laura Smet a été rejetée par la défense de Laeticia Hallyday, qui dénonce un « artifice de communication ». A. Focraud, www.lejdd.fr, 24/05/2018

14 Par quel acte de procédure le procès sur l'héritage de Johnny Hallyday a-t-il commencé ? Qui est le défendeur à cette action ? Doc. 9

Procédure d'assignation défendeur = Leaticia Hallyday

15 Quelle phase de ce procès risque de prolonger la procédure ? Justifiez. Doc. 9

La mise en état de l'affaire qui risque de se prolonger, l'instruction doit rassembler les éléments de preuves et cela est bcp plus long complexe.

16 Expliquez l'intérêt de la mise en délibéré avant un jugement. Doc. 9

La mise en délibéré avant un jug. est de trancher après mûr réflection

Situation Booba et Kaaris sauront jeudi s'ils restent en prison avant leur procès. [...] Ces deux figures du rap français, ainsi que huit de leurs proches ayant participé à la rixe le 1er août, contestaient lundi leur placement en détention provisoire, décidé par le tribunal de Créteil (Val-de-Marne), où ils seront jugés le 6 septembre [2018]. www.sudouest.fr, 20/08/2018

17 Lors de quelle phase de la procédure pénale a-t-il été décidé de placer Booba et Kaaris en détention provisoire ? Doc. 10

Après la mise en examen par le juge d'instruction

18 D'une manière générale, en quoi la détention provisoire porte-t-elle atteinte à la présomption d'innocence ? Comment cette mesure peut-elle se justifier ? Doc. 10

La personne en détention provisoire est emprisoné avant d'avoir été juger donc avant que sa culpabilité sois établie

19 Dans quelle mesure le procureur de la République est-il le premier acteur capital de la procédure pénale ? Doc. 10

C'est lui qui décide de poursuivre ou non la procédure (tout dep de lui)

20 Pourquoi l'instruction est-elle une phase essentielle de la procédure pénale ? Doc. 10

Elle permet de rassembler les preuves de culpabilité ou innocence de la pers poursuivi

Allez plus loin ! STMG_CH04_plus_loin_partie3.pdf

4 Distinguer les voies de recours

DOC. 11 Le principe du double degré de juridiction

L'appel est un recours contre un premier jugement rendu « en premier ressort ». Il est exercé dans le délai d'un mois en droit privé (10 jours en droit pénal) et il permet le réexamen d'une affaire en fait et en droit.

La cour d'appel est une juridiction du 2e degré, **hiérarchiquement supérieure** aux juridictions du 1er degré.

COUR D'APPEL
(au moins une par région)

↑

Tribunaux de droit privé | Tribunaux répressifs
(plusieurs par département)

Une cour d'appel rend un **ARRÊT**
– **confirmatif** si elle approuve le jugement ;
– **infirmatif** si elle réforme le jugement.

↑

Un tribunal du 1er degré rend un **JUGEMENT** – **l'appel** est possible, sauf pour les affaires jugées en **premier et dernier ressort** (< 4 000 €)

DOC. 12 Les enjeux du pourvoi en cassation

La Cour de cassation est la plus haute juridiction de l'ordre judiciaire. Elle siège à Paris et exerce sa compétence sur l'ensemble du territoire français. Elle a pour fonction de **vérifier la conformité des décisions des juridictions aux règles de droit**, sans rejuger les faits, c'est-à-dire le fond de l'affaire.

Toutes les décisions rendues en **dernier ressort** peuvent faire l'objet d'un **pourvoi en cassation**, c'est-à-dire être contestées devant la Cour de cassation :
- les jugements des juridictions du 1er degré rendus en **premier et dernier ressort** ;
- les arrêts rendus par les cours d'appel (en droit privé) et les cours d'assises d'appel (en droit pénal).

Si la Cour de cassation estime que le droit a bien été appliqué par les juges, elle **rejette le pourvoi**. Si, au contraire, elle pense que les juges ont commis une erreur de droit, **elle casse** leur décision et **renvoie** l'affaire devant une autre juridiction.

DOC. 13 Le recours aux tribunaux européens

Une juridiction particulière : la Cour européenne des droits de l'homme (Cour EDH)

C'est une juridiction du Conseil de l'Europe chargée de veiller au respect de la Convention européenne de sauvegarde des droits de l'homme et des libertés fondamentales (ConvEDH) par les 47 États qui l'ont ratifiée. La quasi-totalité des États du continent européen, depuis l'Irlande jusqu'à la Russie ou la Turquie, en font partie.

La Cour européenne des droits de l'homme condamne la France pour l'absence de recours permettant de faire cesser des conditions de détention inhumaines et dégradantes.

Le requérant, M. Yengo, avait été incarcéré en détention provisoire au quartier maison d'arrêt du centre pénitentiaire de Camp-Est, en Nouvelle-Calédonie, entre août 2011 et mai 2012. [...] M. Yengo expliquait notamment avoir été incarcéré dans une cellule de 15 m² accueillant 6 détenus et dont l'exiguïté obligeait ses occupants à rester constamment allongés sur le lit. Il soulignait également les conditions d'hygiène particulièrement déplorables [...]. M. Yengo avait fait une demande de mise en liberté, en vain.

« La Cour européenne des droits de l'homme condamne la France pour l'absence de recours permettant de faire cesser des conditions de détention inhumaines et dégradantes », oip.org (Observatoire international des prisons - section française), 28/05/2015

Situation Pour leur violente bagarre, le « duc de Boulogne » (Booba) et son rival ont été condamnés à 18 mois de prison avec sursis, ainsi qu'à 50 000 euros d'amende. [...] La justice a estimé que les deux rappeurs étaient responsables du chaos. Mais visiblement, Kaaris n'est pas satisfait puisqu'il a décidé de faire appel du jugement du tribunal. [...] Il sera donc rejugé devant la cour d'appel de Paris. Booba de son côté n'a pas fait appel. Une décision importante de la part de Kaaris, qui risque de voir sa peine s'alourdir ou bien s'alléger en fonction de la décision des juges.

Alexia Felix, www.non-stop-people.com, 24/10/2018

21 Quelle est la voie de recours choisie par Kaaris ? Qu'espère-t-il de cette étape de la procédure ? Quel risque accepte-t-il ? Doc. 11

Kaaris fait appel au jugement rendu au 1er degrès. Il espère que ça atténuera ou rejettera la sanction, il pris de voir sa peine s'alourdir

22 Pourquoi ne peut-on pas faire appel, en droit privé, d'un jugement portant sur un litige de moins de 4 000 euros ? Doc. 11

Appel en cour d'Appel risque de coûter plus cher que les indemnités obtenues. De plus, les cours d'appel sont surchargées

23 Quelle décision espère-t-on lorsqu'on fait un pourvoi en cassation ? Doc. 12

On espère que la cour de cassation casse les décisions des juges et renvoies l'affaire devant d'autre juge

24 Pourquoi la Cour de cassation est-elle appelée « juridiction suprême » ? Doc. 12

La cour de cassation à la capacité de censuré les décisions rendues en dernier ressort par toutes les juridictions de droit privé. Elle a la capacité de dire si le droit a bien était appliquer par les juges.

25 Expliquez en quoi la Cour de cassation assure aux justiciables l'égalité dans l'application des règles de droit. Doc. 12

Il n'existe qu'une seule cour de cassation qui appliquera à toutes les affaires du même type le droit de façon identique

Situation Booba et Kaaris n'ont pas apprécié d'être placés en détention provisoire avant leur procès. Ils estiment que les conditions de leur présentation à la justice n'exigeaient pas cette privation de liberté.

26 Dans quel cas les deux rappeurs pourraient-ils saisir la Cour européenne des droits de l'homme ? Doc. 13

Si les rappeurs considéraient que les conditions de leurs détention provisoir était inhumaines et dégradantes

27 Quel type de décision pourraient-ils en attendre ? Doc. 13

Ils pourrait espérer une remise en liberté durant l'instruction de leur procès

28 En quoi cette juridiction est-elle une contrainte pour les États signataires de la Convention de sauvegarde des droits de l'homme et des libertés fondamentales ? Doc. 13

C'est une contrainte car elle peut condamner les Etats.

Allez plus loin ! STMG_CH04_plus_loin_partie4.pdf

Applications

1 Tester vos connaissances

Répondez par vrai ou par faux aux propositions suivantes.

1. Les deux ordres de juridiction sont constitués par les tribunaux de droit privé et les tribunaux de droit pénal.
☐ Vrai ☐ Faux

2. Le tribunal de première instance est compétent pour tous les petits litiges de droit civil.
☐ Vrai ☐ Faux

3. Le droit à un procès équitable signifie que la justice est gratuite.
☐ Vrai ☐ Faux

4. En matière pénale, la gravité de l'infraction détermine à la fois le tribunal compétent et les peines encourues.
☐ Vrai ☐ Faux

5. Le procès civil commence par une assignation.
☐ Vrai ☐ Faux

6. La publicité des débats se traduit par la publication des jugements dans la presse.
☐ Vrai ☐ Faux

7. Se constituer partie civile consiste à demander une indemnisation pour le préjudice subi lors d'une infraction.
☐ Vrai ☐ Faux

8. La cour d'appel rend des arrêts constituant des décisions en dernier ressort.
☐ Vrai ☐ Faux

9. Un jugement non susceptible d'appel ne peut pas faire l'objet d'un pourvoi en cassation.
☐ Vrai ☐ Faux

10. Il existe une Cour de cassation par région administrative.
☐ Vrai ☐ Faux

2 Mesurer la propension à exercer les recours judiciaires

★

1. Quelle est la proportion des affaires de droit privé faisant l'objet d'un appel ?
2. Quelle est la proportion des affaires jugées en appel faisant l'objet d'un pourvoi en cassation ?
3. Quelle est la proportion des affaires de droit privé dont la procédure se déroule jusqu'à la Cour de cassation ?
4. Quelle conclusion peut-on tirer de ces chiffres ?
5. À la lumière de ces chiffres, quelle crainte peut entraîner la réforme de la justice en ce qui concerne l'activité des TPI (ex-TGI) ?

DOC. 1 Affaires terminées en droit privé

Cour de cassation	21 387	Tribunaux d'instance	646 203
Cours d'appel	240 673	Tribunaux de commerce	157 984
TGI	938 970	Conseils de prud'hommes	179 853

Statistiques sur la justice en France en 2017, www.justice.gouv.fr

DOC. 2 Réforme de la justice 2019 – Ce qui va changer

Une partie de la réforme touchera directement les tribunaux d'instance. Aujourd'hui, ces juridictions sont compétentes pour tous les litiges dont le montant est inférieur à 10 000 euros ainsi que ceux liés aux contrats de location et aux crédits à la consommation (sans limite de montant). Le texte prévoit de fusionner les tribunaux d'instance avec les tribunaux de grande instance (TGI) lorsque ceux-ci sont situés dans une même ville. [...] La réforme prévoit également de transférer les compétences du tribunal d'instance vers le TGI pour un certain nombre de litiges spécialisés, tel que le surendettement par exemple.

Éric Roig (dir.), droit-finances.commentcamarche.com, 03/2019

3 Étudier un cas de procédure pénale

★

Georges Pierru, 52 ans, et Grit Bergman, 48 ans, ont été reconnus coupables d'avoir piégé leur victime pour de l'argent et tenté de faire passer leur crime pour un suicide. Ils ont été condamnés à 25 ans de réclusion par la cour d'assises de Nice, ce lundi 12 novembre [2018], pour l'assassinat de Drost Notthoff, un entrepreneur allemand de 48 ans, dont ils avaient tenté de maquiller l'homicide en suicide.

« Ils avaient tenté de maquiller un crime en suicide : un couple condamné à 25 ans de prison », www.ouest-france.fr, 12/11/2018

1. Pourquoi l'affaire évoquée est-elle jugée en cour d'assises ?
2. Quelles sont les étapes de la procédure qui ont précédé le procès d'assises ?
3. Quelle relation existe-t-il entre la qualification de l'infraction et la peine prononcée par la cour d'assises ?
4. Quel recours les accusés condamnés peuvent-ils exercer ?

DOC. Le suicidé d'Eze

Le suicide d'un homme d'affaires à Eze cachait un assassinat : un couple renvoyé aux assises

Pendant des mois, on a cru que Drost Notthoff, prospère dirigeant allemand d'une société monégasque, s'était suicidé. Il avait été découvert en septembre 2011 pendu dans le jardin de sa villa avenue de la Marne à Eze. Mais en parallèle, une enquête minutieuse était menée pour connaître les causes réelles de cette mort énigmatique alors que l'homme était décrit par ses proches comme jovial et aimant la vie.

L'enquête est désormais close. Un couple de l'Aude est accusé de l'avoir assassiné. Grit, son ex-compagne, avait refait sa vie avec Georges, un artiste peintre.

Tous deux, en proie à de graves difficultés financières, sont soupçonnés de l'avoir tué.

Un testament, qui est manifestement un faux, mentionnait que Gritt était la légataire universelle de Drost Notthof. Depuis leur mise en examen, les amoureux d'antan se rejettent la responsabilité de ce crime. Le procès devrait se dérouler courant 2018 aux assises à Nice.

Ch. P., « Le suicide d'un homme d'affaires à Eze cachait un assassinat : un couple renvoyé aux assises », www.nicematin.com, 29/10/2017

4 Appréhender le rôle de la peine dans le cadre du procès pénal

★★

1. Quels sont les éléments que les juges des juridictions pénales doivent prendre en compte pour décider de la sanction infligée aux délinquants ?
2. Quelles sont les finalités de cette individualisation des peines ?
3. La décision des juges est-elle, en la matière, totalement libre ? Justifiez votre réponse.

DOC. Code pénal – Article 132-24

Dans les limites fixées par la loi, la juridiction prononce les peines et fixe leur régime en fonction des circonstances de l'infraction et de la personnalité de son auteur. Lorsque la juridiction prononce une peine d'amende, elle détermine son montant en tenant compte également des ressources et des charges de l'auteur de l'infraction.

La nature, le quantum et le régime des peines prononcées sont fixés de manière à concilier la protection effective de la société, la sanction du condamné et les intérêts de la victime avec la nécessité de favoriser l'insertion ou la réinsertion du condamné et de prévenir la commission de nouvelles infractions.

5 Analyser un schéma d'organisation juridique

★★

À partir du schéma (document), précisez les points suivants :

1. Dans quel cas un pourvoi en cassation fait-il suite à un jugement ? à un arrêt ?
2. Dans quel cas un 2e pourvoi en cassation est-il possible ? Comment cela se justifie-t-il ?
3. Pourquoi, dans ce cas-là, réunit-on l'assemblée plénière de la Cour de cassation ?
4. Qu'est-ce qui justifie que la Cour de cassation tranche définitivement après un 2e pourvoi ?
5. Montrez que la procédure est terminée lorsqu'il y a identité d'interprétation du droit entre les juges du fond (du 1er degré ou de cour d'appel) et la Cour de cassation.

DOC. Rôle et modalités d'intervention de la Cour de cassation

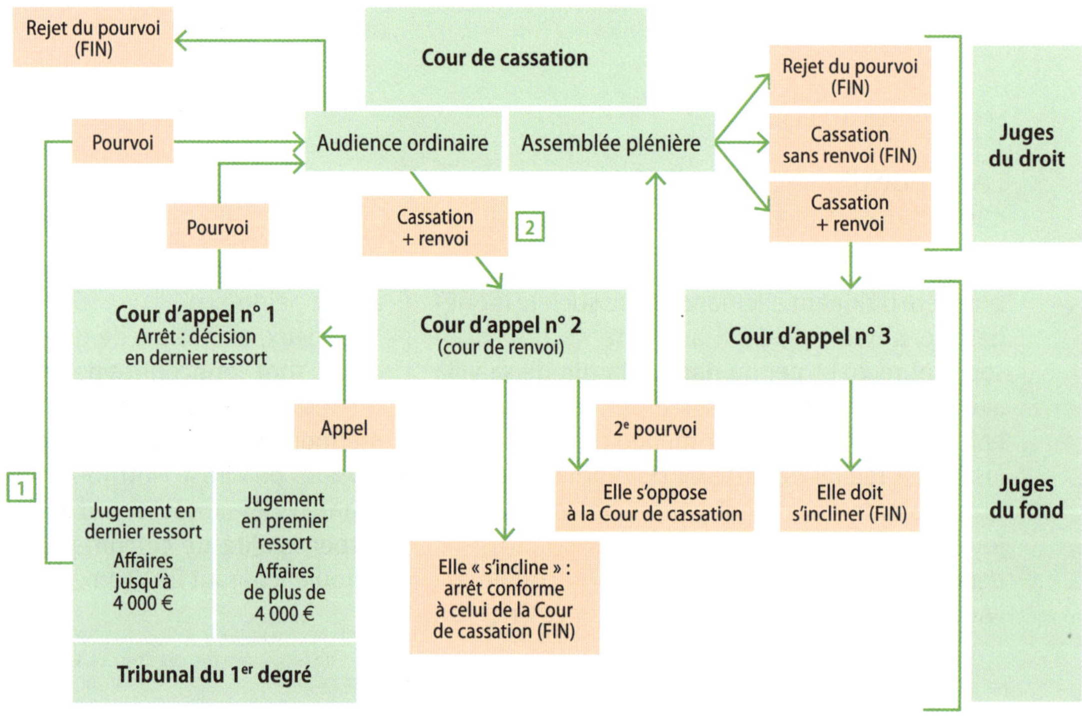

1 L'impossibilité de faire appel n'empêche pas de faire un pourvoi en cassation.

2 La juridiction de renvoi est du même type que celle dont la décision a été cassée.

6 Maîtriser le vocabulaire juridique

★

À partir de ces différentes décisions de la Cour de cassation, indiquez pour chaque formule du langage courant celle qui lui correspond en termes juridiques.

Formulations du langage courant

1. La Cour de cassation désapprouve la cour d'appel, qui avait elle-même approuvé un jugement du tribunal de première instance.
2. La Cour de cassation désapprouve le tribunal qui avait rendu un jugement sans appel possible.
3. La Cour de cassation approuve la cour d'appel qui avait désapprouvé le premier jugement.
4. La Cour de cassation approuve finalement une cour d'appel, après avoir d'abord désapprouvé la décision d'une première cour d'appel.

Formulations juridiques

a. Les juges du droit rejettent le pourvoi formé contre l'arrêt d'appel.

b. La Cour de cassation casse l'arrêt confirmatif de la cour d'appel.

c. La Cour de cassation rejette le pourvoi formé contre l'arrêt infirmatif de la cour d'appel.

d. La Cour de cassation rejette le pourvoi formé contre l'arrêt de la cour d'appel de renvoi.

7 Se préparer au bac

Exploiter les documents juridiques : comprendre la décision de justice

Pour cette application, vous pouvez vous aider de la fiche méthode 5.

1. Dans l'arrêt suivant, identifiez :
   – les parties à l'origine du procès ;
   – le défendeur ;
   – la raison du litige.
2. Quelle juridiction a été saisie au premier degré ?
3. Quel est le sens du jugement rendu ?
4. Quelle juridiction est intervenue au second degré ?
5. Qui l'a saisie ?
6. Quelle solution cette juridiction a-t-elle retenu ?
7. Quelles suites cette affaire pourrait-elle avoir en justice ?

DOC. Cour d'appel de Paris – arrêt du 30 novembre 2018 (extrait)

FAITS ET PROCÉDURE

Par acte du 28 avril 2015, M. I... et Mme Z... ont acheté à M. C... une maison d'habitation que celui-ci avait fait construire.

La cloison séparant la chambre parentale de la salle de bains s'étant effondrée le 28 mai 2015, M. I... et Mme Z... [...] ont assigné M. C... [...] en paiement de la somme de 6 843,17 euros et de la somme de 325 euros en réparation de leur préjudice matériel, à Mme Z... d'une somme de 2 000 euros à titre de provision à valoir sur l'indemnisation de son préjudice corporel [...].

Par jugement du 7 décembre 2016, le tribunal de grande instance de Meaux a débouté M. I... et Mme Z... de leurs demandes [...].

M. I... et Mme Z... ont interjeté appel de cette décision. [...]

Ils contestent avoir commis une faute dès lors que la cloison, d'une épaisseur de 10 cm, présentait l'apparence de solidité et de conformité [...].

SUR CE, LA COUR

[...]

Attendu, sur la responsabilité de droit commun, que le vendeur est tenu de livrer un bien qui ne présente pas de défaut de sécurité ; qu'en l'espèce, la cloison litigieuse qui n'était pas fixée au sol sur lequel elle était simplement posée présentait de ce fait des risques d'effondrement et de basculement dès lors qu'y était fixé un équipement d'un certain poids [...]

Attendu que dans ces conditions la responsabilité contractuelle de M. C... est engagée ; que celui-ci doit être condamné à payer à M. I... et Mme Z... en réparation de leur préjudice matériel [...] la somme de 4 319,80 euros ; [...]

PAR CES MOTIFS :

Infirme le jugement en toutes ses dispositions ;

Statuant à nouveau :

Déclare M. C... responsable des préjudices subis par M. I... et Mme Z... [...].

Synthèse

Le recours au juge

La sélection de la juridiction

- Des **tribunaux spécialisés** répartis en deux ordres de juridictions → Une **compétence d'attribution** pour chaque juridiction
  - ordre judiciaire → 2 types de juridictions
    - tribunaux de droit privé
    - tribunaux de droit pénal
  - ordre administratif

Le rôle du procès civil et du procès pénal

- **Procès civil** pour les litiges entre personnes privées → Droit à un **procès équitable**
- **Procès pénal** pour sanctionner les infractions → Droit à un **procès équitable**

Les phases d'un procès

- **Procès civil** : assignation, enrôlement, mise en état, audience, délibéré, jugement
- **Procès pénal** : constatation de l'infraction ou plainte, poursuite, instruction, délibéré, jugement

Les voies de recours

- La possibilité d'un **appel** grâce à un double **degré de juridiction**
- Le **contrôle de l'application du droit** par la **Cour de cassation**
- Le recours aux tribunaux **européens**

Rédigez votre synthèse personnelle à l'aide des mots-clés suivants :

- Juridictions de droit privé
- Juridictions de droit pénal
- Tribunaux administratifs
- Infraction (contravention, délit, crime)
- Compétence d'attribution
- Procès équitable
- Procès civil, procès pénal
- Instance
- Assignation
- Audience
- Dépôt de plainte, partie civile
- Mise en examen
- Voies de recours : appel, pourvoi en cassation, recours aux tribunaux européens

Entraînez-vous !

Pas facile de prouver… et pourtant il faut bien !

Capacités

- Identifier les éléments d'un litige : parties, faits, prétentions, question de droit
- Déterminer au moyen d'une argumentation si le litige est causé par un acte ou par un fait juridique afin d'envisager un mode de preuve adapté
- Apprécier la force probante d'un élément de preuve dans une situation donnée
- Sélectionner la juridiction susceptible de juger un litige
- Identifier les phases d'un procès

À l'aide de vos connaissances et des ressources documentaires en annexe, analysez la situation juridique ci-dessous et répondez aux questions.

Situation

Le 15 juillet 2016, Martin Réal a prêté une somme de 15 000 euros à son neveu Xavier, dont il était très proche à l'époque. Celui-ci venait de se marier et avait besoin de cette somme pour compléter son apport personnel lors de l'achat d'un appartement. Il était convenu entre les deux hommes que le remboursement interviendrait le 15 juillet 2019.

Bien que cette date soit passée et que Martin ait réclamé plusieurs fois son argent, Xavier fait la sourde oreille. Il a même eu l'audace de répondre à un appel téléphonique en ironisant sur l'absence de preuve du prêt, pour lequel il n'a signé aucune reconnaissance de dette. Son oncle lui a fait observer qu'il détenait un e-mail de remerciement évoquant clairement l'aide qu'il lui avait apportée.

L'affaire s'envenime et, après une dernière mise en demeure, Martin paraît décidé à mettre en œuvre tous les moyens pour être remboursé.

1. Qualifiez juridiquement les faits à l'origine du litige et les parties qu'il concerne.
2. Indiquez quel est l'objet de la preuve et quelle règle de droit concerne les moyens de preuve admis dans ce type d'affaire.
3. Exposez la règle de droit applicable qui peut être favorable à Martin. Vous semble-t-elle pouvoir s'appliquer dans cette affaire ? Justifiez.
4. Rappelez les différentes voies de règlement du litige que les parties peuvent exploiter.
5. En cas de procès, quel est le tribunal compétent ?
6. Quelle réflexion vous inspire le fait que la décision de justice puisse elle-même être jugée et critiquée par la Cour de cassation ?

ANNEXE 1 Code civil

Article 1358. Hors les cas où la loi en dispose autrement, la preuve peut être apportée par tout moyen.

Article 1359. L'acte juridique portant sur une somme ou une valeur excédant un montant fixé par décret [1 500 euros] doit être prouvé par écrit sous signature privée ou authentique. Il ne peut être prouvé outre ou contre un écrit établissant un acte juridique, même si la somme ou la valeur n'excède pas ce montant, que par un autre écrit sous signature privée ou authentique. Celui dont la créance excède le seuil mentionné au premier alinéa ne peut pas être dispensé de la preuve par écrit en restreignant sa demande.
Il en est de même de celui dont la demande, même inférieure à ce montant, porte sur le solde ou sur une partie d'une créance supérieure à ce montant.

Article 1360. Les règles prévues à l'article précédent reçoivent exception en cas d'impossibilité matérielle ou morale de se procurer un écrit, s'il est d'usage de ne pas établir un écrit, ou lorsque l'écrit a été perdu par force majeure.

ANNEXE 2 Code civil

Article 1364. La preuve d'un acte juridique peut être préconstituée par un écrit en la forme authentique ou sous signature privée.

Article 1365. L'écrit consiste en une suite de lettres, de caractères, de chiffres ou de tous autres signes ou symboles dotés d'une signification intelligible, quel que soit leur support.

Article 1366. L'écrit électronique a la même force probante que l'écrit sur support papier, sous réserve que puisse être dûment identifiée la personne dont il émane et qu'il soit établi et conservé dans des conditions de nature à en garantir l'intégrité.

Article 1367. La signature nécessaire à la perfection d'un acte juridique identifie son auteur. Elle manifeste son consentement aux obligations qui découlent de cet acte. Quand elle est apposée par un officier public, elle confère l'authenticité à l'acte.
Lorsqu'elle est électronique, elle consiste en l'usage d'un procédé fiable d'identification garantissant son lien avec l'acte auquel elle s'attache. La fiabilité de ce procédé est présumée, jusqu'à preuve contraire, lorsque la signature électronique est créée, l'identité du signataire assurée et l'intégrité de l'acte garantie, dans des conditions fixées par décret en Conseil d'État.

ANNEXE 3 Cour de cassation, 1re chambre civile, arrêt du 6 avril 2016 (extrait)

Attendu, selon le jugement attaqué [...], que M. X... a fait opposition à une ordonnance rendue le 21 mai 2013, sur requête de la société Alptis individuelles santé (la société), le condamnant à payer une certaine somme au titre d'une demande d'adhésion sur Internet à une assurance complémentaire, qu'il conteste avoir signée ;

Attendu que M. X... fait grief au jugement de rejeter sa demande, alors, selon le moyen, que dès lors qu'une partie dénie être l'auteur d'un écrit sous forme électronique, le juge est tenu de vérifier les conditions de validité de la signature, c'est-à-dire que celle-ci consiste en l'usage d'un procédé fiable d'identification garantissant son lien avec l'acte auquel elle s'attache et, ainsi, que ce procédé mette bien en œuvre une signature électronique sécurisée, établie grâce à un dispositif sécurisé de création de signature électronique et que la vérification de cette signature repose sur l'utilisation d'un certificat électronique qualifié [...] ;

Mais attendu que le jugement retient que la demande d'adhésion sous forme électronique a été établie et conservée dans des conditions de nature à garantir son intégrité, que la signature a été identifiée par un procédé fiable garantissant le lien de la signature électronique avec l'acte auquel elle s'attache [...] ; qu'ainsi [...], la juridiction [...] a légalement justifié sa décision ;

PAR CES MOTIFS : REJETTE le pourvoi [...].

ANNEXE 4 Article de doctrine

Selon l'article 1353 du Code civil [...], la charge de la preuve incombe au demandeur : « Celui qui réclame l'exécution d'une obligation doit la prouver. Réciproquement, celui qui se prétend libéré doit justifier le paiement ou le fait qui a produit l'extinction de son obligation. ».[...] Une exception traditionnellement admise à la règle précitée consiste en l'impossibilité de s'être préconstitué une preuve écrite (C. civ., art. 1360). Le demandeur dans l'impossibilité morale ou matérielle de se procurer une preuve écrite est, dans ce cas, autorisé à rapporter autrement la preuve de sa créance. Les juges admettent en effet, outre l'impossibilité matérielle de se procurer un écrit, l'impossibilité morale de l'avoir préconstituée, notamment en raison des liens familiaux, conjugaux ou amicaux, bref, de liens fondés a priori sur un rapport de confiance entre les protagonistes justifiant l'impossibilité morale de se procurer un écrit. En l'espèce, si le lien de parenté est établi, les juges devront souverainement apprécier si celui-ci empêchait effectivement de se procurer un écrit [...].

« Droit des obligations. Famille je vous prête ! », actu.dalloz-etudiant.fr, 31 octobre 2017.

La personnalité juridique

5

Capacités

- Identifier et qualifier une personne juridique.
- Analyser les conséquences de la personnalité juridique.
- Distinguer une personne physique d'une personne morale.
- Identifier les attributs d'une personne physique et d'une personne morale.

Avant la classe

Nathan live!

Vidéo : Selfie de macaque – France TV Londres
youtu.be/tlqEcAyS15M

- **Qui est l'auteur de la photo ?**
- **Le singe est-il, selon vous, reconnu comme une personne pour le droit ?**

Situation

Jeudi 2 août [2018], la firme à la pomme est entrée dans l'Histoire. Elle est la première entreprise privée à avoir passé les 1000 milliards de dollars de capitalisation. Petit retour sur l'histoire d'Apple.
Créée en 1976 par Steve Jobs et deux amis dans un garage en Californie, la start-up a su rapidement s'imposer comme un poids lourd de l'industrie électronique américaine grâce à ses premiers ordinateurs personnels promus grâce à des campagnes publicitaires originales.
La vision révolutionnaire de Steve Jobs a bouleversé les modes d'utilisation des produits numériques, en généralisant notamment les écrans tactiles sur ses smartphones et tablettes.
Lancé en 2007, l'iPhone – dont la dernière version vaut 1 000 dollars – incarne la puissance d'Apple. « Apple est une entreprise extraordinaire », résumait récemment Bill Gates, patron de Microsoft, entreprise historique de la « tech » et éternel frère ennemi d'Apple.

Clémence Barbier, « L'incroyable histoire d'Apple », www.la-croix.com, 03/08/2018.

1 Identifier et qualifier une personne juridique

DOC. 1 Qui est sujet de droit ?

Les sujets de droit sont toutes les personnes à qui le droit reconnaît la personnalité juridique. En droit, soit l'on est un sujet de droit, soit l'on est un objet de droit. Les choses sont alors des objets de droit.
La personnalité juridique est reconnue :
– à tous les êtres humains : ce sont des **personnes physiques** sujets de droit ;
– à un certain nombre de groupements, comme les sociétés ou les associations dont les membres se sont réunis dans un but commun : ce sont les **personnes morales**.

DOC. 2 Qu'est-ce que la personnalité juridique ?

En droit français, la personnalité juridique est la capacité pour une personne physique ou une personne morale à être sujet de droit. En tant que sujet actif de droit, elle se voit reconnaître des droits avec la capacité d'en jouir (**capacité de jouissance ;** exemples : droit de propriété, liberté d'expression) et celle de les exercer (**capacité d'exercice ;** exemples : conclure des contrats, saisir la justice). En tant que sujet passif de droit, elle est assujettie à des obligations.

www.toupie.org

DOC. 3 Le statut particulier des animaux

Article 515-14 du Code civil : « Les animaux sont des êtres vivants doués de sensibilité. Sous réserve des lois qui les protègent, les animaux sont soumis au régime des biens. »

Mais les animaux sont-ils des biens comme les autres ? Le droit reconnaît aux animaux le statut d'êtres doués de sensibilité, mais ils demeurent toutefois soumis au régime des biens : ils peuvent être vendus, prêtés, donnés, etc. Ils sont donc objets de droit par opposition aux personnes, sujets de droit. Cependant, des règles protectrices des animaux font naître des obligations à la charge des personnes et des sanctions pénales et civiles existent en cas de mauvais traitements : l'article 521-1 du Code pénal punit notamment de deux ans de prison et 30 000 euros d'amende tout acte de cruauté envers un animal domestique.

DOC. 4 Les droits subjectifs des personnes

Les droits subjectifs
Prérogatives données aux personnes sujets de droit pour régir les rapports entre elles et permettre la vie en société.

Droits patrimoniaux	Droits extrapatrimoniaux
Évaluables en argent	Non évaluables en argent
Pouvant être vendus, donnés ou légués	Ne pouvant être ni vendus, ni donnés, ni légués
Ex. : droit de propriété, créance	Ex. : droit de vote, liberté d'expression

Situation

Rarement une entreprise a été aussi incarnée par ses présidents, à commencer par le premier d'entre eux, Steve Jobs. [...] Au début, pourtant, il y avait bien trois hommes : Steve Jobs, Steve Wozniak et Ronald Wayne cofondent Apple le 1er avril 1976. Ce dernier quitte très rapidement l'aventure. Reste alors les deux Steve, passionnés d'informatique et bien décidés à démocratiser l'usage de l'ordinateur. Leur premier produit, l'Apple I, est assemblé à la main par Steve Wozniak [dans le garage de la maison de Steve Jobs]. Steve Jobs se charge de sa commercialisation, en signant un partenariat avec un magasin d'informatique. Cette dynamique fera les premiers succès d'Apple [...]. La mort du cofondateur d'Apple, en 2011, révèle l'étendue de son héritage et la difficulté de le dépasser.

Lucie Ronfaut, « De Steve Jobs à Tim Cook, retour sur 40 ans d'histoire Apple », www.lefigaro.fr, 31/03/2016.

1 Repérez dans la situation les sujets de droit et les objets de droit. Doc. 1

sujet de droit : 3 fondateurs Apple / société Apple

Objets : tous les biens de Apple

2 Quelles sont les personnes physiques ? Quelles sont les personnes morales ? Doc. 1 et 2

Personnes physique : Les 3 fondateurs
Personnes morales : la société

3 Quels éléments montrent que les fondateurs d'Apple disposent de la personnalité juridique ? Doc. 2

Les fondateurs d'Apple disposent de droit avec la capacité d'en jouir et de les exercer

4 Steve Jobs était « fou » des animaux. Aurait-il pu léguer sa fortune à son chat ? Pourquoi ? Doc. 3

Cela est impossible les animaux demeurent des objets de droit

5 Qu'est-ce qui distingue les liens entre les personnes et les animaux des liens entre les personnes et les autres objets de droit ? Doc. 2 et 3

animaux ≠ objet de droit mais bénéficie d'une protection particulière
bien qui ont des droit

6 Quels droits subjectifs Steve Jobs a-t-il pu transmettre à ses héritiers ? Doc. 4

Steve Jobs n'a transmis que ses droits patrimoniaux, les droits extrapatrimoniaux étant intransmissibles

Allez plus loin ! STMG_CH05_plus_loin_partie1.pdf

2 Distinguer une personne physique d'une personne morale

DOC. 5 La personne physique, attribution et extinction de la personnalité juridique

Attribution	Extinction
• À la naissance, du moment que l'enfant est né vivant et viable (elle peut être reconnue à partir de la conception quand l'intérêt de l'enfant le justifie : ainsi, un enfant à naître peut être le bénéficiaire d'une donation ou d'une succession). • Le père de l'enfant, à défaut le médecin, la sage-femme ou toute personne ayant assisté à l'accouchement, déclare la naissance à l'officier d'état civil de la mairie du lieu de naissance. Celui-ci rédige l'acte de naissance.	• Avec le **décès** de l'individu. Déclaration à la mairie du lieu du décès dans un délai de 24 heures. • Deux situations particulières : – **l'absence** : lorsqu'une personne ne reparaît pas à son domicile « sans que l'on ait eu de nouvelles ». Durant dix ans, elle est présumée absente et vivante. Passé ce délai, ses proches peuvent faire constater son absence, qui entraîne la présomption de décès (art. 112 et s. du Code civil) ; – **la disparition** : lorsque les circonstances laissent présumer du décès, car la personne a disparu « dans des circonstances de nature à mettre sa vie en danger ». Ses proches ou le procureur de la République peuvent demander en justice une déclaration de décès.

DOC. 6 La personne morale, attribution et extinction de la personnalité morale

Attribution	Extinction
La personnalité morale naît avec une formalité. • Pour une **société** : immatriculation au registre du commerce et des sociétés (RCS) tenu par le tribunal de commerce. Il doit s'ensuivre une publicité dans un journal d'annonces légales. • Pour une **association** : déclaration à la préfecture, puis publicité au *Journal Officiel*. • Pour un **syndicat** : déclaration à la mairie, puis publicité au *Journal Officiel*.	La personne morale peut perdre la personnalité pour plusieurs raisons, notamment la dissolution et la liquidation, suivies de la radiation. • La **dissolution** : décision de mettre fin à la personne morale (décision des associés, du juge). • La **liquidation** : permet de transformer en argent les différents éléments d'actifs de la personne morale. • La **radiation** doit s'opérer auprès des organes ayant reçu l'immatriculation ou la déclaration (RCS...).

DOC. 7 La diversité des personnes morales

De droit privé		De droit public
À but lucratif *Pour rechercher un profit*	**À but non lucratif** *Pour atteindre un but*	*Pour défendre les intérêts de la collectivité*
Société : groupement de personnes qui associent leurs moyens pour exercer une activité (sociétés civiles professionnelles ; sociétés commerciales : SARL, SA…). **GIE** (groupement d'intérêt économique) : pour améliorer la collaboration entre entreprises (carte bancaire). 	**Association :** groupement de personnes pour mener ensemble une action désintéressée (Croix-Rouge, club de loisirs, etc.). **Syndicat professionnel :** regroupement de personnes pour défendre les droits et intérêts des membres (CFDT, FO, CGT, MEDEF, etc.). 	**État et collectivités publiques** (communes, départements…). **Établissements publics :** culturels et d'éducation (lycées) ; de soins et assistance (hôpitaux). **Entreprises publiques :** contrôlées par l'État (SNCF, La Poste). 

Situation Steve Jobs [...] est mort mercredi à l'âge de 56 ans. [...] « Apple a perdu un visionnaire et un créateur de génie, et le monde a perdu un être humain incroyable », a déclaré son successeur à la tête d'Apple, Tim Cook [...].

« Steve Jobs, l'emblématique patron d'Apple, est décédé », www.lefigaro.fr, 06/10/2011.

7 Avec quel événement la personnalité juridique débute-t-elle et s'achève-t-elle ? Illustrez vos propos avec Steve Jobs. Doc. 5

Naissance → mort

8 Que doivent faire les parents après la naissance de leur enfant ?. Doc. 5

Déclarer la naissance de l'enfant chez officier état civil à Mairie

9 Quelle différence faites-vous entre l'absence et la disparition ? Doc. 5

absence = on suppose pas la personne morte pendant 10 ans

Disparition = on présume le décès etc

Situation eBizcuss [...] a été placée en liquidation judiciaire. Distributeur historique du géant Apple depuis une trentaine d'années en France, eBizcuss emploie 120 personnes dans son réseau de 15 magasins. Mais la société estime qu'à partir du moment où Apple a ouvert ses propres boutiques, il ne lui a plus suffisamment livré de matériel.

« Le plus gros revendeur Apple français en liquidation judiciaire », lexpansion.lexpress.fr, 04/06/2012.

10 Quelle était la nature de l'activité d'eBizcuss ? En quoi était-ce conforme à la finalité de ce type de personne morale ? Doc. 6

Distributeur d'apple (société)

11 Comment la société eBizcuss a-t-elle perdu la personnalité juridique ? Doc. 6

Lorsqu'elle a était placé en liquidation judicaire

Situation En 1984, un petit groupe d'amis décidait de créer un club pour se retrouver et progresser ensemble en micro-informatique. C'est ainsi que le 11 avril 1984, les statuts étaient déposés à la sous-préfecture de Bayonne afin de déclarer l'association [...] Micro Informatique Club d'Anglet (MICA) [...]. Son but, initier et perfectionner les adhérents : à l'informatique, à Internet, au multimédia sur PC et Mac.

www.mica.asso.fr

12 Comment le club MICA a-t-il acquis la personnalité juridique ? Doc. 6

En se déclarant à la sous préfecture

13 Quelles sont les activités du club MICA ? En quoi illustrent-elles la raison d'être d'une association ? Doc. 7

Elle perfectionne les adhérents à l'informatique, elle illustre car c'est un grp de pers qui mène une action désintéressé

Allez plus loin ! STMG_CH05_plus_loin_partie2.pdf

3 Identifier les attributs d'une personne physique et d'une personne morale

DOC. 8 Les éléments d'identification de la personne physique

Une personne physique est identifiée par son nom, son domicile, son patrimoine et sa nationalité.

• Le **nom de famille** permet d'individualiser les personnes physiques. Il est acquis par filiation (lien juridique qui rattache une personne à son père ou à sa mère).

Un enfant dont la filiation est établie à l'égard de chacun des parents peut porter soit le nom du père, soit le nom de la mère, soit les deux noms accolés dans un ordre choisi par eux.

L'adoption donne à l'enfant adopté le nom de l'adoptant.

Le changement de nom est possible s'il est ridicule, infamant ou pour favoriser l'intégration d'une personne naturalisée française.

• Le **prénom** (ou les prénoms afin d'éviter les homonymes) permet d'individualiser une personne physique au sein de sa famille et de la société.

• Le **domicile** est la localisation géographique stable et permanente de la personne.
– Soit le domicile est librement choisi (lieu où la personne a son principal établissement).
– Soit il existe un domicile légal : la loi impose leur domicile à certaines personnes (ex. : un mineur est domicilié de facto chez ses parents).

On ne peut avoir légalement qu'un seul domicile, c'est la règle de l'unicité du domicile.

DOC. 9 La notion de genre

L'article 225-1 du Code pénal dispose que : « Constitue une discrimination toute distinction opérée entre les personnes physiques sur le fondement de leur origine, de leur sexe […] de leur orientation sexuelle, de leur identité de genre, de leur âge […] »
Le droit français a remplacé la terminologie d'« identité sexuelle » par celle d'« identité de genre » afin de cesser « d'alimenter la méconnaissance et les préjugés qui pèsent sur les personnes transidentitaires ». La « transidentité » désigne le décalage ressenti par certaines personnes entre leur sexe biologique et leur identité psychosociale ou « identité de genre » (Avis sur l'identité de genre et sur le changement de la mention de sexe à l'état civil, 27 juin 2013). Désormais, le changement de sexe à l'état civil français est simplifié. « Toute personne majeure ou mineure émancipée qui démontre par une réunion suffisante de faits que la mention relative à son sexe dans les actes de l'état civil ne correspond pas à celui dans lequel elle se présente et dans lequel elle est connue peut en obtenir la modification » (article 61-5 du Code civil).

DOC. 10 Les éléments d'identification de la personne morale

Une personne morale est identifiée par sa dénomination, son siège social et son patrimoine.

• Le nom d'une personne morale est, en principe, librement choisi par ses fondateurs. L'appellation de la personne morale diffère selon le type de cette dernière. On parle :
– de dénomination sociale pour une société (ex. : société Danone, Peugeot société anonyme - PSA) ;
– de titre pour les associations (ex. : Les Restos du Cœur, la Croix-Rouge) ;
– de dénomination pour les syndicats (ex. : CGT, CFDT).

• Toute personne morale a un domicile unique, appelé siège social. Il est situé là où la personne morale a son principal établissement, celui où se trouvent ses organes de direction et ses services administratifs.

Situation Dans les États-Unis du début des années 1950, Joanne Schieble, une étudiante germano-suisse de l'université du Wisconsin, tombe amoureuse d'un jeune enseignant en sciences politiques du nom d'Abdelfattah al-Jandali. [...] Joanne ne peut pas vivre sereinement son amour : son père, fervent catholique, n'accepte pas de la voir s'éprendre d'un musulman. En 1954, Joanne part en Syrie voir la famille d'Abdelfattah [...] et tombe enceinte. Parallèlement, son père est mourant. Pour lui, Joanne ne doit ni avorter ni garder le bébé. [...] La jeune Américaine se résigne à faire adopter son bébé, à condition que celui-ci soit élevé par des catholiques diplômés d'études supérieures. En février 1955 naît un petit garçon [...] futur Steve Jobs.

Victoria Castro, « Le père de Steve Jobs était-il vraiment un "réfugié syrien" ? », www.lefigaro.fr, 05/07/2018.

14 Quel(s) élément(s) d'identification du fondateur d'Apple pouvez-vous relever ? Doc. 8

Par son nom et prénom

15 Pourquoi Steve Jobs ne portait-il pas le nom de ses parents biologiques ? La règle est-elle la même en France ? Doc. 8

car il a été adopté

16 Comment Steve Jobs aurait-il pu s'appeler s'il était né en France et n'avait pas été adopté ? Doc. 8

Steve (et le nom de famille de ses parents bio)

17 Pourquoi la procédure de modification du sexe de l'état civil a-t-elle été simplifiée ? Doc. 9

pour cesser les discriminations envers les trans

18 En quoi cette modification montre-t-elle que la règle de droit accompagne les évolutions de la société ? Doc. 9

La règle de droit a pris en compte cet état pour simplifier les démarches de changement de sexe et de ne pas laisser ces personnes dans un état de souffrance et de sentiment d'indifférence

Situation Le géant de l'informatique Apple a présenté ses nouveaux services, contre-attaques frontales à Netflix et aux kiosques numériques. Comme à son habitude, Apple prend son temps. Tandis que le secteur dit de la SVoD (en gros, de la vidéo à la demande) est en plein essor grâce à des acteurs comme [...] Canal+ [ou SFR Play VOD] chez nous, la firme de Cupertino vient tout juste de dévoiler sa première offensive concrète : Apple TV+.

« Apple, à la poursuite de Netflix et de l'actualité », www.rollingstone.fr, 27/03/2019.

19 Quelles entreprises Apple veut-elle concurrencer ? Faites des recherches pour relever leurs éléments d'identification. Doc. 10

Allez plus loin ! STMG_CH05_plus_loin_partie3

Applications

1 Tester vos connaissances

Répondez par vrai ou par faux aux propositions suivantes.

1. Une personne juridique a des droits.
   ☒ Vrai ☐ Faux
2. Un chat est un objet de droit.
   ☒ Vrai ☐ Faux
3. Un droit patrimonial n'a pas de valeur pécuniaire.
   ☐ Vrai ☐ Faux
4. L'acte de naissance est rédigé par les parents.
   ☐ Vrai ☐ Faux
5. Seuls des dommages-intérêts sont alloués en cas d'atteinte à un droit de la personnalité.
   ☐ Vrai ☐ Faux
6. La personnalité juridique débute par la naissance et se termine par le décès.
   ☒ Vrai ☐ Faux
7. Le changement d'état civil est devenu plus contraignant.
   ☐ Vrai ☒ Faux
8. Pour qu'une société possède la personnalité morale, il faut l'enregistrer au RCS.
   ☐ Vrai ☐ Faux
9. On peut avoir légalement plusieurs domiciles.
   ☒ Vrai ☐ Faux
10. On parle de titre pour le nom des associations.
   ☐ Vrai ☐ Faux

2 Identifier et qualifier une personne juridique

★

1. Cette chanteuse et la société Warner Music France ont-elles la personnalité juridique ? Justifiez vos réponses.
2. Rappelez la différence entre un objet de droit et un sujet de droit.
3. Quels droits la chanteuse détient-elle sur sa musique ?

Aya Nakamura, de son vrai nom Aya Danioko, née le 10 mai 1995 à Bamako au Mali, est une chanteuse, autrice-interprète française de pop urbaine et de R&B. Alors qu'elle est enfant, ses parents déménagent en France. La famille, une famille de griots (des conteurs-chanteurs), s'installe à Aulnay-sous-Bois.

www.nrj.fr

WARNER MUSIC FRANCE, société par actions simplifiée, est active depuis 47 ans. Située à PARIS 18 (75018), elle est spécialisée dans le secteur d'activité de l'enregistrement sonore et édition musicale. Son effectif est compris entre 200 et 299 salariés. Sur l'année 2017, elle réalise un chiffre d'affaires de 122 469 700,00 euros.

www.societe.com

3 Distinguer une personne physique d'une personne morale

★

Le fondateur d'une SARL signe ses statuts et obtient son inscription au répertoire informatisé des entreprises de l'Insee (Sirene). Une vingtaine d'années après, il demande l'immatriculation de la société au registre du commerce et des sociétés (RCS). Cette demande est rejetée sur le fondement de l'article R. 123-36, al.1 du Code de commerce, aux termes duquel l'immatriculation des sociétés est demandée « sitôt accomplies les formalités de constitution, publicité comprise ». La cour d'appel de Paris juge ce refus justifié car la demande n'a pas été présentée en temps utile lors de la constitution de la société.

C'est une application inédite de l'article R. 123-36, al. 1 du Code de commerce. En principe, aucun délai n'est prescrit pour l'accomplissement des formalités d'immatriculation (insertion d'un avis de constitution dans un journal d'annonces légales et dépôt du dossier d'immatriculation au centre de formalités des entreprises). Mais comme la société n'acquiert la personnalité morale qu'à dater de son immatriculation, il est recommandé d'effectuer ces formalités le plus rapidement possible.

« L'immatriculation d'une société doit être demandée sans tarder », www.efl.fr, 13/03/2017.

1. Qualifiez juridiquement les faits (résumez les faits en utilisant le vocabulaire juridique).
2. Reformulez la règle de droit (synthétisez la règle de droit applicable au cas).
3. Quels sont les effets de l'absence d'immatriculation ?

DOC. 1 Article 1842 du Code civil

Les sociétés [...] jouissent de la personnalité morale à compter de leur immatriculation. Jusqu'à l'immatriculation, les rapports entre les associés sont régis par le contrat de société et par les principes généraux du droit applicable aux contrats et obligations.

DOC. 2 Article R. 123-36 du Code de commerce

L'immatriculation des sociétés [...] est demandée sitôt accomplies les formalités de constitution, publicité comprise.

4 Identifier une (nouvelle) personne juridique : le cas des robots

★★

1. Que prône le rapport du Parlement européen ? Qui est concerné par ce texte ?
2. Les robots sont-ils des personnes pour le droit ? Justifiez votre réponse.
3. La création d'un troisième type de personne vous paraît-elle judicieuse ?
4. Quels attributs de la personnalité pourrait-on relever pour les robots ?

DOC. Le Parlement européen veut faire des robots des « personnes électroniques »

Un rapport du Parlement européen prône la création d'une personnalité juridique pour les robots. Il prévoit de réglementer leur impact sur la société, l'économie et l'emploi.

« Un robot n'est pas tout à fait une machine. Un robot est une machine fabriquée pour imiter de son mieux l'être humain. » Ces propos de l'écrivain de science-fiction Isaac Asimov auraient pu inspirer le Parlement européen. Dans un projet de motion publié le mois dernier, la Commission des affaires juridiques lance une réflexion autour du statut des robots et propose de leur attribuer le qualificatif de « personnes électroniques ». Cette nouvelle personnalité juridique doit permettre de les doter de « droits et de devoirs bien précis ».

L'Union européenne veut s'aligner sur les pays étrangers qui envisagent déjà des mesures réglementaires en matière de robotique et d'intelligence artificielle. « L'humanité se trouve à l'aube d'une ère où les robots, les algorithmes intelligents, les androïdes et les autres formes d'intelligence artificielle, de plus en plus sophistiqués, semblent être sur le point de déclencher une nouvelle révolution industrielle », explique la rapporteure du texte, l'eurodéputée luxembourgeoise Mady Delvaux. Sont concernés tous les robots « intelligents », capables de décider et de se mouvoir en autonomie, ce qui inclut en particulier les robots humanoïdes et les voitures sans conducteur. [...]

Les robots, dans la mesure où ils sont autonomes, « pourraient se voir accorder le statut de personnes électroniques avec des droits et des obligations spécifiques », note le rapport. [...] « Le robot doit être reconnaissable : il lui faut un numéro d'immatriculation, un nom et un capital, un peu comme pour une personne morale. Car si le robot cause un dommage, il faut prévoir les recours contre lui », détaille Alain Bensoussan.

Jean-Marc De Jaeger, « Le Parlement européen veut faire des robots des "personnes électroniques" », www.lefigaro.fr, 24/06/2016.

5 Identifier les attributs d'une personne : le domicile

★★

Depuis 2007, Mme Y... loue avec son mari un appartement à La Trinité-sur-Mer. Très attachée à la vie de la commune, elle veut s'inscrire sur ses listes électorales. Mais la commission administrative de La Trinité-sur-Mer le lui refuse. Mme Y... dépose alors une réclamation devant le tribunal d'instance de Lorient. Cette juridiction rend un jugement en dernier ressort qui rejette sa demande d'inscription sur la liste électorale de La Trinité-sur-Mer. Mme Y... saisit la Cour de cassation contre ce jugement.

1. Quels sont les faits à l'origine de cette affaire ?
2. Quel est le problème posé successivement à la commission administrative de la commune, au tribunal d'instance et à la Cour de cassation ?
3. Comment ces différentes instances ont-elles répondu à ce problème ?
4. Quelle différence doit-on faire entre les notions de domicile et de résidence secondaire ?
5. En quoi la jurisprudence de la Cour de cassation fournit-elle toujours la règle de droit apportée à la question de la détermination du domicile électoral ?

DOC. 1 Arrêt de la Cour de cassation du 11 mars 2010 (extrait)

Attendu que Mme Y... fait grief au jugement de rejeter ce recours, alors, selon le moyen :
1°/ que sont inscrits sur la liste électorale d'une commune, sur leur demande, tous les électeurs qui y disposent depuis six mois au moins d'une habitation actuelle, effective et continue ; que dès lors qu'une résidence secondaire actuelle, effective et continue supérieure à six mois, constitue bien une habitation, elle ouvre droit à une inscription sur la liste électorale ; [...]
2°/ [...] que c'est la détention de l'habitation qui doit être continue et non la présence dans l'habitation ; [...]
Mais attendu qu'ayant retenu qu'il résulte tant des déclarations de M. et Mme Y... sur l'occupation à temps partiel de l'appartement qu'ils louent à La Trinité-sur-Mer, leur domicile se trouvant à Nantes, que des faibles consommations d'énergie attestées par les factures, que cette habitation constitue une résidence secondaire dédiée aux temps de loisirs tels que les fins de semaine et les vacances, le tribunal, qui ne s'est pas fondé uniquement sur le caractère secondaire de la résidence, a souverainement décidé qu'une telle occupation ne constitue pas l'habitation continue et effective depuis six mois, au moins, au sens de l'article L. 11-1° du Code électoral ; [...]
PAR CES MOTIFS : REJETTE [...].

DOC. 2 Réponse à une question écrite d'un député : ministère de l'Intérieur (extrait)

En application de l'article L. 11 du Code électoral, il convient pour être inscrit sur la liste électorale d'une commune de justifier d'une attache suffisante avec celle-ci. Celle-ci peut résulter soit d'un domicile ou d'une résidence depuis six mois dans la commune, soit de la qualité de contribuable communal depuis au moins cinq ans. Si dans la plupart des cas domicile et résidence se confondent, il n'en est pas toujours ainsi. Le domicile est entendu par la jurisprudence comme le domicile réel, c'est-à-dire le lieu du principal établissement au sens de l'article 102 du Code civil [...].
Contrairement à la notion de domicile qui est le lieu où l'on se situe en droit, la notion de résidence correspond à une situation de fait. Elle résulte du fait d'habiter, au moment de la demande, de manière effective et continue dans la commune. À cet égard, l'occupation d'une résidence secondaire n'est pas considérée comme une résidence réelle et continue dès lors qu'elle n'est dédiée qu'aux temps de loisirs, tels notamment que les fins de semaine ou les vacances (Cass. 2e civ., 11 mars 2010, n° 10-60150.10-60162).

JO Sénat du 23 janvier 2014, page 229

6 Se préparer au bac — Qualifier juridiquement une situation et formuler le problème de droit

Pour cette application, vous pouvez vous aider de la fiche méthode 1 et de la fiche méthode 2.

1. Qualifiez juridiquement les faits : recherchez quelles sont les personnes au cœur du litige, quel est le lien juridique qui les réunit et quels sont les faits qui les opposent.
2. Retracez le parcours judiciaire de cette affaire.
3. Formulez le problème de droit : présentez en termes généraux la question qui est posée aux magistrats.
4. Quel est le sens de l'arrêt rendu par la Cour de cassation ?
5. Cette décision vous paraît-elle légitime ?

DOC. 1 Arrêt de la Cour de cassation (extrait)

Attendu, selon l'arrêt attaqué (cour d'appel de Versailles, 7 octobre 2010), que M. X… a déclaré vouloir prénommer son fils, né le 7 novembre 2009, Titeuf, Gregory, Léo ; que l'officier d'état civil a informé le procureur de la République que le choix du premier prénom, Titeuf, lui paraissait contraire à l'intérêt de l'enfant ; que, sur le fondement de l'article 57 du Code civil, le parquet a fait assigner les parents afin de voir prononcer la suppression du prénom Titeuf ; que, par jugement du 1er juin 2010, le tribunal de grande instance de Pontoise, se fondant sur l'intérêt de l'enfant, a ordonné la suppression du prénom Titeuf de son acte de naissance et dit qu'il se prénommera Grégory, Léo ;
Attendu que M. X… et la mère de l'enfant, Mme Y…, font grief à l'arrêt de confirmer le jugement,
[…] Mais attendu que c'est par une appréciation souveraine qu'en une décision motivée la cour d'appel a estimé qu'il était contraire à l'intérêt de l'enfant de le prénommer Titeuf ;
PAR CES MOTIFS : REJETTE […]

Arrêt du 15 février 2012 - 1re chambre civile

DOC. 2 Article 57 du Code civil (extrait)

[…] Lorsque ces prénoms ou l'un d'eux, seul ou associé aux autres prénoms ou au nom, lui paraissent contraires à l'intérêt de l'enfant ou au droit des tiers à voir protéger leur nom de famille, l'officier de l'état civil en avise sans délai le procureur de la République. Celui-ci peut saisir le juge aux affaires familiales.
Si le juge estime que le prénom n'est pas conforme à l'intérêt de l'enfant ou méconnaît le droit des tiers à voir protéger leur nom de famille, il en ordonne la suppression sur les registres de l'état civil. Il attribue, le cas échéant, à l'enfant un autre prénom qu'il détermine lui-même à défaut par les parents d'un nouveau choix qui soit conforme aux intérêts susvisés. Mention de la décision est portée en marge des actes de l'état civil de l'enfant.

Synthèse

La personnalité juridique

- **Les personnes juridiques**
  - **Personne physique** → Capacité à être **sujets de droit** et d'obligations
  - **Personne morale** → Capacité à être **sujets de droit** et d'obligations
  - Statut de l'**animal** **Personne morale** → **Objet** de droit avec un régime de protection

- **Les conséquences de la personnalité juridique** → Existence de **droits subjectifs**
  - Droits **patrimoniaux**
  - Droits **extrapatrimoniaux**

- **La distinction des personnes physiques et des personnes morales**
  - **Personne physique :** tout individu → Personnalité juridique de la **naissance** à la **mort** (ou absence ou disparition)
  - **Personne morale** → Personnalité juridique de l'**immatriculation** (ou déclaration) jusqu'à la **dissolution** (et liquidation) et **radiation**
    - **Diversité** des personnes morales
      - De droit privé, à but lucratif : sociétés, GIE
      - De droit privé, sans but lucratif : associations, syndicats
      - De droit public : État, communes, lycées, La Poste…

- **Les attributs de la personnalité juridique**
  - Personne physique
    - Nom, domicile
    - Genre (masculin ou féminin)
  - Personne morale
    - Dénomination, siège social

Rédigez votre synthèse personnelle à l'aide des mots-clés suivants :

- Personnalité juridique
- Personne physique
- Personne morale
- Genre
- Nom/dénomination
- Domicile/siège social
- Statut de l'animal
- Droits patrimoniaux
- Droits extrapatrimoniaux

La capacité et l'incapacité

Capacité

- Expliquer les conséquences de l'incapacité juridique d'une personne physique ou morale

Avant la classe

Nathan live!

Vidéo : *Marche ou crève* – Interview de la réalisatrice Margaux Bonhomme – Festival International du Film de Saint-Jean-de-Luz
youtu.be/6rSbawL36K8

Une personne atteinte d'un handicap lourd vous semble-t-elle apte à agir seule dans la société ?

Situation

LE HANDICAP ET LA CAPACITÉ

Inspirée par sa propre histoire, Margaux Bonhomme a réalisé un film sans concession sur le quotidien d'une famille confrontée au handicap, dans lequel l'actrice Jeanne Cohendy livre une incroyable performance.

Ce film, dont le but est de sensibiliser l'opinion sur le handicap, nous met également face à la difficulté voire à l'impossibilité pour certaines personnes d'exercer ou de défendre leurs droits dans la société.

1 Distinguer la capacité et l'incapacité juridiques

DOC. 1 La capacité des personnes physiques : le principe

Capacité de jouissance	Capacité d'exercice
Aptitude à ÊTRE TITULAIRE de droits	Aptitude à les EXERCER seul et par soi-même
Appartient à tous les individus dès leur naissance et jusqu'à leur décès	Appartient aux individus majeurs
Exemples : droit d'être propriétaire, droit au respect de sa vie privée	*Exemples :* droit d'acheter/vendre une maison, droit d'agir en justice pour défendre son droit à la vie privée

DOC. 2 L'incapacité des personnes physiques : l'exception

Incapacité de jouissance	Incapacité d'exercice
= privation de certains droits* • dans un but de PROTECTION *Exemple :* les mineurs (personnes < 18 ans) n'ont en principe par le droit d'être mariés • comme SANCTION *Exemple :* retrait de l'autorité parentale à un père violent avec ses enfants	= inaptitude à exercer seul ses droits • cas des mineurs : plus vulnérables en raison de leur âge • cas des majeurs vulnérables : personnes fragilisées physiquement et/ou psychiquement par le vieillissement, un handicap, une maladie ou un accident

* Aucun individu ne peut être privé de tous ses droits car cela reviendrait à le priver de sa personnalité juridique.

DOC. 3 La protection des majeurs vulnérables

Toute personne dans l'impossibilité de pourvoir seule à ses intérêts en raison d'une altération, médicalement constatée, soit de ses facultés mentales, soit de ses facultés corporelles de nature à empêcher l'expression de sa volonté, peut bénéficier d'une **mesure de protection juridique**. La demande est présentée au juge des tutelles* accompagnée d'un certificat établi par un médecin inscrit sur la liste du procureur de la République. Selon le cas et en fonction du degré d'altération des facultés, le juge prononcera une mesure de **sauvegarde de justice**, de **curatelle** ou de **tutelle**.

* Le juge peut être saisi par le majeur (à protéger) lui-même, sa famille, son entourage, ses alliés ou le procureur de la République.

DOC. 4 La capacité des personnes morales

La capacité de jouissance des personnes morales est moins étendue que celle des personnes physiques car elle est limitée par le **principe de spécialité**. La personne morale a été créée pour la réalisation d'un **objet bien précis**. C'est pourquoi les personnes morales ont une capacité dite « spéciale », limitée à la réalisation de cet objet. *Exemple :* la société Peugeot ne peut pas vendre de cosmétiques car cette activité est exclue de son objet social. Les personnes morales n'ayant pas d'existence physique, elles n'ont pas de capacité d'exercice en dehors de leur(s) représentant(s).

DOC. 5 L'objet des sociétés de distribution de film

Une fois qu'un film est terminé, il doit être vu ! C'est là qu'intervient le distributeur. Une fois qu'il a acquis le droit d'exploitation économique du film, il assure sa commercialisation et lui permet d'être projeté en salle.

Situation

Dans son film autobiographique *Marche ou crève*, distribué par la société de distribution cinéma Nour Films, Margaux Bonhomme aborde le thème du handicap. Son héroïne, Élisa, une adolescente joyeuse et équilibrée, s'apprête à quitter le Vercors où elle a grandi pour poursuivre sa scolarité à Montpellier. Mais le départ de sa mère du foyer la contraint à rester pour aider son père à s'occuper de sa sœur aînée lourdement handicapée. Le placement de Manon dans un centre spécialisé est au cœur du désaccord entre les parents.

Vidéo « *Marche ou crève* » de Margaux Bonhomme – Bande-annonce – Avenue B Productions – youtu.be/oMniS50kLbg

1 Dans cette situation, identifiez les différentes personnes physiques et morales.

physique : Margaux Bonhomme, Elisa, Manon, Parents
Morale : Société Nour, centre handicapé, Montpellier (commune)

2 Parmi les personnes physiques, lesquelles ont la capacité de jouissance ? Doc. 1

toutes persones physique

3 Quels sont les différents motifs de privation de la capacité de jouissance ? Doc. 2

1) protection 2) sanction

4 Quelles sont les deux catégories de personnes frappées d'une incapacité d'exercice ? Doc. 2 et Doc. 3

personnes vulnérable (majeur/mineur)

5 Quelle(s) personne(s) de la situation vous semble(nt)-t-elle(s) frappée(s) par cette incapacité ? Doc. 2 et Doc. 3

Manon (majeur handicapée)

6 Indiquez l'objet des personnes morales suivantes et donnez un exemple d'un acte qui dépasse leur capacité. Doc. 4

AIRFRANCE : service transport aérien de personne (ne vend pas des fleurs)

Auchan : hypermarché (ne vend pas des avions)

7 Les actes suivants entrent-ils dans la capacité de la société Nour Films ? Doc. 4 et Doc. 5

a. Assurer la promotion du film : oui

b. Vendre des véhicules d'occasion : non

c. Proposer des services d'assurance aux particuliers : non

Allez plus loin ! STMG_CH06_plus_loin_partie1.pdf

2

Expliquer les conséquences de l'incapacité juridique

DOC. 6 Les deux régimes de protection des mineurs

• **L'administration légale :** le mineur est représenté par ses **deux parents** ou par **l'un d'eux** (en cas de décès de l'autre), titulaire(s) de l'autorité parentale, qui accomplissent seuls les actes d'administration et la plupart des actes de disposition. Pour certains actes de disposition, le juge des tutelles doit donner son accord (*exemple :* vente d'un immeuble).

• **La tutelle :** s'ouvre automatiquement lorsque les deux parents sont privés de l'autorité parentale ou sont décédés. Un tuteur représente le mineur et doit obtenir l'accord du **conseil de famille** (présidé par le **juge des tutelles**) pour les actes de disposition.

Dans les deux cas, le mineur peut accomplir seul certains actes relatifs à sa personne (et non à son patrimoine ; *exemple :* consentir à son adoption) ou les **actes courants**, c'est-à-dire de faible incidence sur son patrimoine (*exemple :* acheter un ticket de tramway, etc.).

DOC. 7 La classification des actes relatifs au patrimoine

Actes d'administration : actes de gestion courante, de mise en valeur ou d'exploitation du patrimoine, sans atteinte au capital. *Exemples :* travaux d'entretien d'un immeuble, conclusion d'un contrat d'assurance, d'un bail d'habitation, perception des revenus, etc.

Actes de disposition : actes « graves » parce qu'ils modifient la composition du patrimoine. Ils peuvent avoir pour effet de diminuer sa valeur. *Exemples :* vente d'un immeuble, emprunt bancaire, donation, etc.

DOC. 8 La représentation : solution à l'incapacité d'exercice

La représentation peut se définir comme l'**exercice** du pouvoir dont une personne, le représentant, est investie afin d'agir pour le compte d'une autre personne, le représenté.

DOC. 9 Les régimes de protection judiciaire des majeurs vulnérables

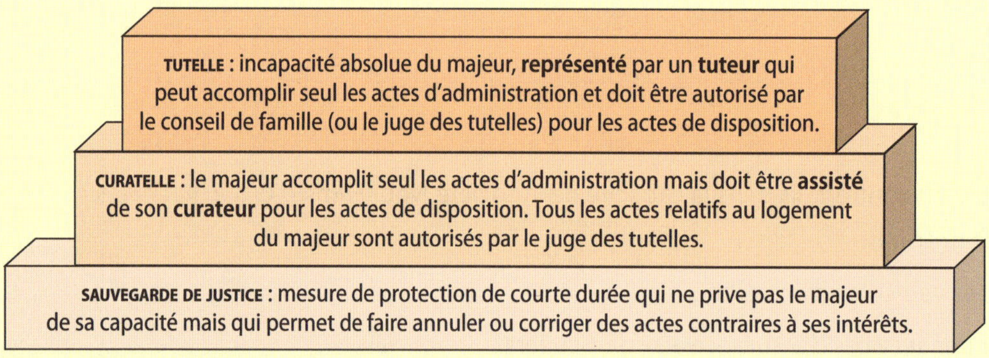

DOC. 10 L'habilitation familiale

Elle permet à un proche (descendant, ascendant, frère/sœur...), avec l'accord des membres de la famille, de représenter un majeur incapable de manifester sa volonté dans tous les actes de la vie ou certains seulement, selon son état. Une fois le proche désigné par le juge, celui-ci n'intervient plus (ce n'est donc pas une mesure judiciaire de protection).

DOC. 11 La représentation des personnes morales

Les personnes morales ne peuvent pas tenir un stylo et signer un contrat. Leur capacité est donc exercée par les personnes physiques habilitées à les représenter. *Exemples :* gérant ou président d'une société.

Situation Lorsqu'Élisa naît, Manon a 3 ans. Au cours des premières années de sa vie, Élisa n'a pas encore conscience du handicap de sa sœur. Mais l'innocence liée à son jeune âge laissera place à une maturité précoce…

8 Avant leur majorité, à quel régime de protection des mineurs Manon et Élisa étaient-elles soumises ? Justifiez. Doc. 6

Régime de l'administration légale

9 À quel régime de protection Élisa et Manon auraient-elles été soumises si leurs parents étaient décédés avant leur majorité ? Doc. 6

la tutelle

10 Après les avoir qualifiés, indiquez les actes que les mineures pouvaient faire seules et ceux pour lesquels elles devaient être représentées par leurs parents. Doc. 6, Doc. 7 et Doc. 8

a. Souscrire une assurance pour un scooter : les parents (acte administration)

b. Acheter une aire de jeux en bois pour le jardin à 650 € : disposition

c. Vendre une douzaine d'œufs à un voisin : acte courant

11 Selon vous, quel régime de protection des majeurs vulnérables est adapté au cas de Manon ? Doc. 9

La tutelle

12 Indiquez les régimes de protection qui conviennent aux cas suivants : Doc. 9

a. Femme divorcée de 42 ans souffrant de troubles bipolaires légers : sauvegarde justice

b. Homme veuf de 73 ans atteint des premiers signes de la maladie d'Alzheimer : tutelle

c. Jeune homme en coma profond suite à un accident de la circulation : tutelle

13 Pour les actes suivants, le tuteur d'un majeur doit-il obtenir l'autorisation du juge des tutelles ? Répondez par oui ou par non. Doc. 7 et Doc. 9

a. Vendre un terrain : oui

b. Acheter des habits, de la nourriture : non

c. Faire réparer la chaudière : non

d. Louer un nouvel appartement : oui

14 D'après vous, pourquoi l'habilitation familiale peut-elle être préférable aux mesures de protection judiciaire ? Doc. 10

La mesure est plus souple dans son fonctionnement que la tutelle

Situation Nour Films est une société de distribution cinéma fondée en 2008 par Patrick Sibourd. Son objectif est de soutenir des projets et des films indépendants qui portent un regard singulier ou engagé sur le monde, en travaillant main dans la main avec leurs réalisateurs et leurs producteurs.

« À propos », www.nourfilms.com

15 Qui signe les contrats conclus par la société Nour Films pour la distribution du film ? Doc. 8 et Doc. 11

La société Nour film le représentant moral est représenté par Patrick Sibourd

Allez plus loin ! STMG_CH06_plus_loin_partie2.pdf

Applications

1 Tester vos connaissances

Répondez par vrai ou par faux aux propositions suivantes.

1. Certaines personnes sont privées de personnalité juridique.
   ☐ Vrai ☒ Faux
2. La capacité de jouissance est l'aptitude à exercer les droits dont on est titulaire.
   ☐ Vrai ☒ Faux
3. Il est possible de priver une personne d'un de ses droits pour la sanctionner.
   ☒ Vrai ☐ Faux
4. L'incapacité du mineur est une mesure de protection.
   ☒ Vrai ☐ Faux
5. Le mineur peut accomplir les actes courants.
   ☒ Vrai ☐ Faux
6. Le tuteur d'un mineur conclut seul les actes d'administration.
   ☒ Vrai ☐ Faux
7. Le majeur sous sauvegarde de justice est privé de capacité juridique.
   ☐ Vrai ☒ Faux
8. Le majeur sous curatelle agit seul ou assisté de son curateur selon le cas.
   ☒ Vrai ☐ Faux
9. Le majeur sous tutelle doit être représenté par son tuteur.
   ☒ Vrai ☐ Faux
10. L'habilitation familiale est une mesure judiciaire de protection.
    ☐ Vrai ☒ Faux

2 Identifier les composantes de la capacité juridique

★

1. Indiquez si les éléments ci-dessous correspondent à la mise en œuvre de la capacité de jouissance ou de la capacité d'exercice :
   - Vivre dans son appartement
   - Avoir l'autorité parentale sur son enfant mineur
   - Vendre sa maison exercice
   - Agir en justice contre son voisin indiscret ex
   - Se marier jouissance
   - Être héritier de son père décédé jouissance
   - Donner une somme d'argent à sa petite-fille ex
   - Accepter la succession de son père décédé ex
2. Montrez que la capacité de jouissance des mineurs n'est pas pleine et entière.

3 Identifier les conditions de l'ouverture d'une mesure de protection judiciaire des majeurs

★★

Christian X est placé sous curatelle pour cinq ans, une association d'action éducative et sociale d'Ardèche étant désignée comme curateur. D'après l'expertise médicale réalisée, « les fonctions cognitives de l'intéressé ne sont pas altérées » mais il présente « des difficultés d'autonomie physique qu'il minimise ». La cour d'appel confirme le placement sous curatelle. Christian X se pourvoit en cassation.

1. Quels sont les faits à l'origine de l'arrêt de la Cour de cassation ?
2. À quelles conditions un majeur peut-il être placé sous curatelle ?
3. Laquelle de ces conditions n'a pas été vérifiée par la cour d'appel de Nîmes ?

DOC. 1 Cour de cassation, arrêt du 21 novembre 2018 (extrait)

Attendu, selon l'arrêt attaqué, qu'un jugement a placé M. X… sous curatelle […] un mandataire judiciaire à la protection des majeurs étant désigné en qualité de curateur ; […]
Vu les articles 425 et 440 du Code civil ;
Attendu que l'ouverture d'une mesure de protection juridique exige la constatation, par les juges du fond, soit de l'altération des facultés mentales de l'intéressé, soit de l'altération de ses facultés corporelles de nature à empêcher l'expression de sa volonté ;
Attendu que, pour placer M. X… sous curatelle […], l'arrêt retient qu'il résulte de l'expertise médicale ordonnée […] que les fonctions cognitives de celui-ci ne sont pas altérées, mais qu'il présente des difficultés d'autonomie physique qu'il minimise ;
Qu'en se déterminant ainsi, sans préciser si l'altération de ses facultés corporelles empêchait M. X… d'exprimer sa volonté, la cour d'appel n'a pas donné de base légale à sa décision ;
PAR CES MOTIFS […] CASSE ET ANNULE, en toutes ses dispositions, l'arrêt rendu le 15 septembre 2016, entre les parties, par la cour d'appel de Nîmes […].

DOC. 2 Qui sont les curateurs/tuteurs ?

Le curateur (ou tuteur) est désigné par le juge des tutelles dans l'intérêt du majeur protégé en tenant compte de son avis. Il peut s'agir d'un parent, époux, partenaire de PACS ou d'une personne entretenant des liens étroits et stables avec le majeur (un ami proche). Lorsqu'aucun membre de la famille ou aucun proche ne peut assumer la curatelle ou la tutelle, le juge désigne un mandataire judiciaire à la protection des majeurs.

4 Expliquer les conséquences de l'incapacité du mineur

★

1. À quelle catégorie d'actes relatifs au patrimoine appartient l'achat d'une console ? La souscription d'un abonnement téléphonique ?
2. Quel type d'acte un mineur peut-il passer seul ?
3. À quelle condition un acte courant accompli par un mineur peut-il être annulé ?
4. Rédigez une lettre de demande d'annulation d'achat d'une trottinette électrique et de remboursement du prix (250 €), à adresser au cocontractant d'un mineur.

DOC. 1 Les contrats de vente conclus par les mineurs

Votre enfant, mineur non émancipé, a acheté en boutique ou sur Internet une console de jeux ou souscrit un forfait de téléphonie mobile. Le contrat n'est pas nul de plein droit, mais vous pouvez le contester si, par sa nature ou son prix, il n'est pas compatible avec l'âge et les moyens financiers de votre enfant.
Tout est question de mesure, et il sera plus facile d'obtenir l'annulation d'achat d'une console de 150 euros effectué par un enfant de 12 ans que celui de l'abonnement téléphonique souscrit par un jeune de 16 ans, surtout s'il est titulaire d'un compte bancaire. […]

« Vous demandez l'annulation d'un contrat passé par votre enfant mineur, ainsi que le remboursement de son achat », www.inc-conso.fr, 17/04/2019

DOC. 2 Code civil (extraits)

Article 1146 – Sont incapables de contracter, dans la mesure définie par la loi :
1° Les mineurs non émancipés ; 2° Les majeurs protégés au sens de l'article 425.
Article 1148 – Toute personne incapable de contracter peut néanmoins accomplir seule les actes courants autorisés par la loi ou l'usage, pourvu qu'ils soient conclus à des conditions normales.
Article 1149 – Les actes courants accomplis par le mineur peuvent être annulés pour simple lésion*. […]

* Déséquilibre dans les prestations des parties. Exemple : vente d'un objet à un prix plus bas que sa valeur.

5 Identifier les pouvoirs du représentant légal d'un mineur

Maxence B., 12 ans, vient de perdre son père, Paul, décédé dans un accident de quad. Maxence vit avec Nadine, sa mère, qui l'a élevé seule suite au départ de Paul quelques mois après la naissance de Maxence. Ce dernier est l'unique héritier de Paul mais il ignore tout du patrimoine de son père au jour de son décès étant donné l'absence de vie commune.

1. Dans cette situation, de quelle capacité Maxence dispose-t-il ? Laquelle n'a-t-il pas ?
2. Qui est le représentant légal de Maxence ?
3. Quelles options successorales doivent être autorisées par le juge des tutelles ? Pourquoi ?
4. Donnez des exemples d'actes que le représentant légal de Maxence peut accomplir seul.

DOC. 1 Quelles sont les trois options s'offrant aux héritiers ?

L'héritier a le choix, il peut décider :
- d'accepter de façon pure et simple la succession ;
- de l'accepter à concurrence de l'actif net [c'est-à-dire après inventaire des biens et dettes composant la succession, permettant de vérifier que les dettes ne sont pas supérieures aux biens] ;
- d'y renoncer.

www.heritage-succession.com

DOC. 2 Comment régler une succession lorsque l'héritier est mineur ?

Lorsqu'un héritier mineur bénéficie d'un héritage, la loi oblige son représentant légal à accomplir les démarches de succession. En accord avec les intérêts de l'enfant mineur, le représentant légal doit choisir l'option successorale la plus pertinente pour l'enfant. [...] Lorsque le responsable légal accepte la succession à concurrence de l'actif net, il ne pourra plus y renoncer. [...] Tout comme l'acceptation pure et simple, la renonciation à la succession est soumise à l'autorisation du juge des tutelles.

« Comment régler une succession lorsque l'héritier est mineur », www.bfmtv.com, 08/11/2018

6 Identifier les conséquences de la tutelle des majeurs

C'est l'une des mesures phares de ce Comité interministériel du handicap, [...] les personnes majeures sous tutelle auront à l'avenir un droit de vote inaliénable et pourront aussi se marier, se pacser et divorcer, sans qu'un juge puisse les en priver, a annoncé le 25 octobre 2018 la secrétaire d'État aux personnes handicapées, Sophie Cluzel [...]. C'est une mesure pour « remettre les personnes handicapées dans la citoyenneté », a expliqué Mme Cluzel [...].

« Les personnes sous tutelle vont pouvoir voter et se marier », AFP pour informations.handicap.fr, 25/10/2018

1. Recherchez sur Internet si le projet s'est concrétisé par une modification des règles du Code civil et du Code éléctoral.
2. Recherchez les arguments « pour » et « contre » l'extension des droits reconnus aux majeurs sous tutelle.

DOC. Code civil (extrait)

Article 460 – Le mariage d'une personne en tutelle n'est permis qu'avec l'autorisation du juge ou du conseil de famille s'il a été constitué et après audition des futurs conjoints et recueil, le cas échéant, de l'avis des parents et de l'entourage.

7 Se préparer au bac — Exploiter les documents juridiques : comprendre la décision de justice

Pour cette application, vous pouvez vous aider de la fiche méthode 5.

1. Identifiez les parties à l'origine du procès, le défendeur, la raison du litige.
2. Quelle juridiction est intervenue au second degré ? Quelle solution a-t-elle retenu ?
3. Qui est l'auteur du pourvoi ?
4. À quelle question de droit la Cour de cassation a-t-elle dû répondre ?
5. Quelle règle pouvez-vous en déduire quant à la capacité d'un majeur sous curatelle de rédiger son testament ?

DOC. 1 Cour de cassation – arrêt du 14 mars 2018 (extrait)

Attendu, selon l'arrêt attaqué, que Z… X…, sous curatelle depuis le 26 juin 2008, est décédé […] en laissant trois enfants pour lui succéder, Philippe, Sylvain et Ronald, et en l'état d'un testament authentique reçu le 3 mars 2009, instituant M. Ronald X… légataire […] ; que MM. Philippe et Sylvain X… ont sollicité l'annulation du testament ; […]
Vu les articles 470 et 901 du Code civil ;
Attendu que, pour prononcer la nullité du testament pour insanité d'esprit de son auteur, l'arrêt retient que le testament a été rédigé plus de quatorze mois après l'examen médical justifiant la mesure de curatelle simple prononcée à l'égard de Z… X… et que la capacité de ce dernier n'a pu que se dégrader pendant cette période ;
Qu'en se déterminant ainsi, par des motifs impropres à caractériser l'insanité d'esprit de Z… X… au moment de la rédaction du testament, la cour d'appel a privé sa décision de base légale ;
PAR CES MOTIFS : CASSE ET ANNULE […] l'arrêt rendu […] par la cour d'appel de Montpellier ; [...] renvoie [les parties] devant la cour d'appel de Nîmes ; […]

DOC. 2 Code civil (extraits)

Article 470 – La personne en curatelle peut librement tester [rédiger son testament] sous réserve des dispositions de l'article 901.
Article 901 – Pour faire une libéralité [donation, legs], il faut être sain d'esprit. La libéralité est nulle lorsque le consentement a été vicié par l'erreur, le dol [tromperie] ou la violence.

Synthèse

La capacité et l'incapacité

La capacité et l'incapacité juridiques

- **Capacité de jouissance** : Aptitude à être titulaire de droits
  → **Capacité d'exercice** : Aptitude à exercer ses droits seul et par soi-même
- **Incapacité de jouissance** : Inaptitude à être titulaire de droits
  → Mineurs : protection
  → Majeurs : sanction
- **Incapacité d'exercice** : Inaptitude à exercer seul ses droits
  → Protection : • des mineurs • des majeurs vulnérables

Les conséquences de l'incapacité

- **Mineur**
  - **Administration légale** : Représenté par son ou ses parent(s) titulaire(s) de l'autorité parentale
  - **Tutelle** : Représenté par son tuteur avec autorisation du conseil de famille pour les actes de disposition
  → Mineurs capables pour les actes courants
- **Majeur vulnérable**
  - **Sauvegarde de justice** : Protection sans perte de capacité : actes défavorables au majeur annulables
  - **Curatelle** : Incapacité d'exercice partielle : le majeur est assisté d'un curateur pour les actes de disposition
  - **Tutelle** : Incapacité d'exercice totale : le majeur est représenté par un tuteur pour les actes d'administration et de disposition
  → Pour certains actes importants, l'autorisation du juge des tutelles (ou du conseil de famille) est nécessaire

Rédigez votre synthèse personnelle à l'aide des mots-clés suivants :

- Actes d'administration
- Actes de disposition
- Administration légale
- Capacité
- Curatelle/curateur
- Habilitation familiale
- Incapacité
- Juge des tutelles
- Représentation
- Sauvegarde de justice
- Tutelle/tuteur

7 Le patrimoine

Capacité

- Distinguer entre les biens corporels et les biens incorporels
- Distinguer entre les droits patrimoniaux et les droits extrapatrimoniaux

Avant la classe

Nathan live!

Vidéo : Patrimoine des Français : gagnants et perdants depuis dix ans – TV La Tribune
youtu.be/ZNlyzmqoP-U

De quoi est majoritairement composé le patrimoine des déciles (10ᵉ) des ménages français les plus aisés ? les moins aisés ?

Situation

Le 19 février 2019, la presse a unanimement rendu hommage au couturier Karl Lagerfeld, directeur artistique de la maison de couture Chanel. Sa disparition marque selon certains la fin d'une histoire qui a hissé la marque de luxe française au sommet. Créateur de mode, Karl Lagerfeld laisse derrière lui une « image iconique » et un patrimoine estimé selon la presse à près de 145 millions d'euros.

1 Distinguer les éléments composant le patrimoine

DOC. 1 Une définition juridique du patrimoine

Parler du patrimoine d'une personne, c'est parler communément de ce que la personne possède à l'actif (maison, voiture, épargne, etc.) et de ce qu'elle doit au passif (impôts, emprunt immobilier, etc.).
Dans le langage juridique, le terme de patrimoine désigne l'ensemble des droits et obligations pécuniaires (dettes) dont une personne est titulaire. Ces droits peuvent porter sur des biens corporels ou incorporels. Par principe, en droit français, une personne (physique ou morale) n'a qu'un patrimoine, qui constitue l'un des attributs de sa personnalité.

DOC. 2 La composition du patrimoine

Les biens corporels (que l'on peut toucher) peuvent être meubles (si on peut les déplacer, ex. : une caravane) ou immeubles (s'ils sont fixés au sol ; ex. : une maison).
Les biens incorporels (que l'on ne peut pas toucher) meubles ou immeubles sont les droits qui portent sur des meubles (ex. : une part de société) ou des immeubles (ex. : une action en justice pour revendiquer un immeuble).

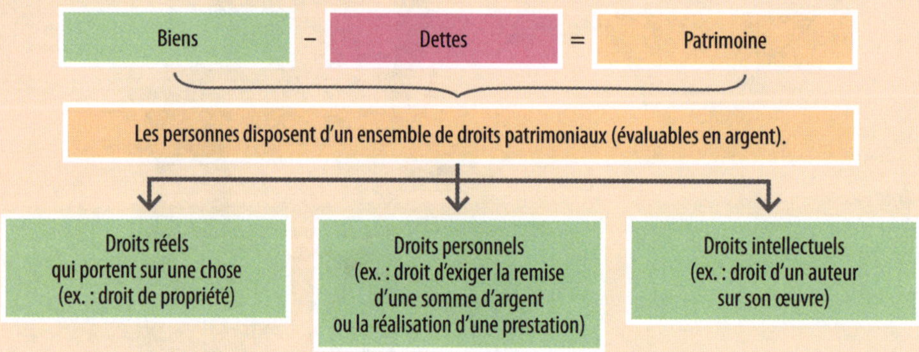

DOC. 3 Une conséquence de la distinction entre biens corporels et biens incorporels

La distinction entre biens corporels et biens incorporels en droit est nécessaire. Les régimes juridiques qui leur sont applicables peuvent en effet différer. Il en est ainsi du régime du droit de propriété. Si la propriété des biens corporels ne se perd pas par le non-usage, il n'en va pas de même pour la propriété d'un bien incorporel, comme la marque. L'article 714-5 du Code de la propriété intellectuelle prévoit, en effet, que le propriétaire de la marque « encourt la déchéance de ses droits […] s'il n'en a pas fait un usage sérieux […] pendant une période ininterrompue de cinq ans ».

DOC. 4 La marque, un bien incorporel de poids

Les biens incorporels, tels que la marque, n'ont pas de réalité ou de consistance matérielle. Ils ont néanmoins une valeur économique certaine qui s'inscrit dans le patrimoine de leur propriétaire. Ainsi, en décembre 2018, le magazine *Forbes* a publié un classement des marques françaises les plus valorisées. Sans surprise, la marque Chanel arrive en deuxième position pour une valeur de 39 241 millions de dollars, derrière la marque Louis Vuitton.

Situation

Karl Lagerfeld restait très discret sur sa vie privée. Protégeant son image, photographe reconnu dont les œuvres étaient régulièrement exposées, le couturier ne parlait que très peu de son intimité. En 1999, un redressement fiscal et une dette de 30 millions d'euros réclamée par le fisc français avaient levé le voile sur son patrimoine. Mais depuis, aucun inventaire de ses biens ou de ses dettes n'avait été révélé au grand public. À son décès, divers magazines ont publié des photos de son appartement parisien au mobilier futuriste et de son immense bibliothèque : il possédait entre 250 000 et 300 000 ouvrages, répartis dans ses nombreuses demeures. Sa richesse provenait non seulement de l'important salaire versé par la maison Chanel, mais aussi de contrats avec différentes entreprises, comme Coca-Cola, Dupont...

1 Repérez les différents biens qui ont composé l'actif du patrimoine de Karl Lagerfeld. Doc. 1

A l'actif figuré différents bien corporels et incorporels
(créance sur son employeur et diverse partenaires.

2 Complétez le tableau en distinguant les éléments de l'actif du patrimoine. Doc. 2

Biens corporels	Biens incorporels
appart parisiens meuble, livres	-Droit sur la somme d'argent dues par divers partenaire -DT sur son salaire -Droit d'exploiter ses oeuvres photos

3 Quel élément a fait partie du passif du patrimoine de Karl Lagerfeld ? Doc. 2

Karl à une dettes de 30 millions d'€

4 Identifiez l'objet des droits réels qui composaient le patrimoine de Karl Lagerfeld. Doc. 2

Karl détennait des droits sur ses demeurres, meuble et ouvrage

5 Identifiez l'objet des droits personnels qui composaient le patrimoine de Karl Lagerfeld. Doc. 2

Karl détennary sur la maison chanel coca ou dupont le droits d'exiger le versement de somme d'argent qui étant contractuellement d

6 Identifiez l'objet des droits intellectuels qui composaient le patrimoine de Karl Lagerfeld. Doc. 2

7 Quelle est la nature juridique de la marque Chanel ? En quoi constitue-t-elle un élément important du patrimoine de ses propriétaires ? Doc. 3

Karl possédait des droit intellectuelle sur les oeuvres qu'il faisait
La marque est l'un des éléments important de l'actif du patrimoines de ses propriétere

8 Pourquoi le détenteur d'une marque comme Chanel a-t-il intérêt à l'exploiter de façon continue ? Doc. 4

Prcq autrement il perdra ses droits d'exploitation pendans 5 ans

Allez plus loin ! STMG_CH07_plus_loin_partie1.pdf

2 Identifier les caractères des droits patrimoniaux

DOC. 5 Les caractères des droits patrimoniaux

Les droits patrimoniaux, évaluables en argent, possèdent plusieurs caractéristiques particulières. Ils sont en effet :
– **transmissibles** : ils peuvent être transmis à une autre personne par voie successorale (ex. : héritage) ;
– **cessibles** : ils peuvent faire l'objet d'une cession entre personnes vivantes (ex. : la vente d'une maison ou la donation d'une somme d'argent) ;
– **saisissables** : ils peuvent faire l'objet d'une saisie par un créancier non payé ;
– **prescriptibles** : à l'exception de la propriété des biens corporels, ils peuvent être perdus par suite de l'inaction de leur titulaire pendant une certaine durée (ex. : une dette non réclamée).

DOC. 6 Transmettre ses biens

Le droit français, dans ses articles 720 et suivants du Code civil, règle les conséquences patrimoniales du décès d'une personne. Pour la rédaction de son testament, Karl Lagerfeld a eu ainsi la possibilité de léguer sa fortune à une personne (morale ou physique) assortie de certaines conditions. C'est ainsi que la gouvernante du couturier a été désignée bénéficiaire d'une partie de son héritage. Celle-ci a reçu une maison ainsi qu'une grosse somme d'argent ; une attribution assortie de l'obligation de prendre soin de la célèbre chatte Choupette.

DOC. 7 Karl Lagerfeld, collectionneur

En 2015, Karl Lagerfeld avouait au *New York Times* : « J'ai eu des œuvres de Basquiat, de Warhol, mais je les ai données : je pensais qu'ils ne dureraient pas. » Rare manque de flair de la part d'un homme dont on a loué le style « visionnaire » […].
Depuis les années 1990, la vente de ses collections successives fait la joie des maisons de ventes aux enchères […]. Cette boulimie d'objets semble l'avoir toujours accompagné. […] « Je ne vends pas aux enchères pour des raisons financières ou spéculatives, mais simplement parce que c'est pratique. Après avoir possédé tant de choses, j'ai pris conscience d'une réalité difficile à expliquer : si on aime vraiment les objets, on n'en a plus besoin. »

Élodie Palasse-Leroux, « Aux enchères, Lagerfeld collectionnait les *flop* », www.slate.fr, 26/02/2019.

DOC. 8 Le patrimoine face aux huissiers

Des créances impayées suite à des difficultés financières, une décision de justice condamnant au règlement des sommes dues sont les raisons principales qui peuvent conduire un huissier à se rendre au domicile d'un débiteur pour procéder à la saisie de ses biens. Après un inventaire du patrimoine du débiteur, ses éléments pourraient, en effet, faire l'objet d'une vente qui permettra le règlement des sommes dues. À l'exception, notamment, des meubles lui permettant de vivre (lit, table à manger…) et d'une somme d'argent minimale équivalente au revenu de solidarité active.

DOC. 9 Une application du principe de prescription

Conformément au délai légal de prescription des droits patrimoniaux, un propriétaire disposait de cinq ans pour réagir et obtenir le règlement de loyers impayés. La loi ALUR du 27 mars 2014 a ramené ce délai à trois ans. Au-delà, le bailleur négligent perd le droit de réclamer les sommes dues par le locataire.

V

Situation

C'est en 1983 que Karl Lagerfeld est nommé directeur artistique de la maison Chanel, où il travaillera jusqu'en 2019. Couturier, mais aussi collectionneur d'art, il n'hésitait pas à se débarrasser de ses biens une fois qu'il en était lassé ou de quitter les lieux qu'il avait loués, occupés et redécorés. À son décès, en dehors de la polémique sur l'héritage de son chat Choupette, très peu d'éléments ont filtré sur la composition précise de son patrimoine et, en l'absence de descendants, sur les différentes personnes qu'il avait désignées comme héritières.

9 Quel caractère des droits patrimoniaux permettait à Karl Lagerfeld d'envisager la répartition de son patrimoine après son décès ? Doc. 5

caractère transmissible

10 À travers l'exemple du testament de Karl Lagerfeld, montrez qu'un héritage peut être composé à la fois de droits et d'obligations. Doc. 6

KL a céder à sa gouvernante le droit de propriétés sur une de ces maisons ~~mais~~ et sur une grosse somme d'argent mais il a par ailleurs mis à la charge de sa gouvernante l'obligation de prendre soin de sa chatte Choupette

11 Quel caractère des droits patrimoniaux sur ses biens meubles Karl Lagerfeld a-t-il souvent mis en œuvre ? De quelle(s) manière(s) ? Doc. 7

KL achetait bcp d'œuvres d'art et devait [illegible] la revendre le caractère

12 Pourquoi peut-on dire des droits patrimoniaux qu'ils sont une « garantie des créanciers » ? Doc. 5 et Doc. 8

Les droits patrimoniaux sont évaluable en argent ainsi un créancier peut en cas de non paiement faire procéder à une saisie (remboursement somme dû)

13 Quelle est la limite du caractère saisissable du patrimoine ? Doc. 8

La loi interdisant au créancier de saisir la totalité des biens de son débiteur ainsi les meubles lui permettant de vivre et une somme d'argent équivalent au RSA

14 Si, au moment de son décès le 19 février 2019, Karl Lagerfeld était redevable de loyers impayés, jusqu'à quand le propriétaire pourrait-il les réclamer ? Doc. 9

3 ans (19 février 2022)

15 D'après vous, comment se justifie cette règle de prescription des droits patrimoniaux ? Doc. 9

Il s'agit de préserver la paix sociale en considérant que passé un certain délai sans réaction le créancier ne [illegible] et que son droit [illegible]

Allez plus loin ! STMG_CH07_plus_loin_partie2.pdf

Applications

1 Tester vos connaissances

Répondez par vrai ou par faux aux propositions suivantes.

1. Toutes les personnes physiques et morales ont un patrimoine composé d'un actif et d'un passif.
☒ Vrai ☐ Faux

2. En principe en droit français, une personne peut avoir plusieurs patrimoines.
☐ Vrai ☒ Faux

3. Les dettes sont constituées par l'ensemble des obligations souscrites par une personne.
☒ Vrai ☐ Faux

4. Les dettes ne font pas partie du patrimoine des personnes.
☐ Vrai ☒ Faux

5. Un brevet est un bien corporel.
☐ Vrai ☒ Faux

6. Le droit à l'éducation fait partie du patrimoine des individus.
☐ Vrai ☒ Faux

7. Une personne physique peut transmettre son droit de vote.
☐ Vrai ☒ Faux

8. Le propriétaire d'un appartement peut le vendre en raison du caractère cessible du droit de propriété.
☒ Vrai ☐ Faux

9. Les droits patrimoniaux peuvent être saisis en règlement d'une créance.
☒ Vrai ☐ Faux

10. Un créancier peut réclamer le règlement des sommes qui lui sont dues sans limitation dans le temps.
☐ Vrai ☒ Faux

2 Distinguer les droits patrimoniaux et les droits extrapatrimoniaux

★

Pour chacune des situations ci-dessous, indiquez si elle évoque un droit patrimonial ou un droit extrapatrimonial.

a) Marouane est ravi. Il sait qu'à partir du 28 mars, il aura le droit de vote. extra

b) Camille a prêté 100 € à Bastien pour qu'il puisse prendre son prochain billet de train. patrim.

c) Kyllian a acheté un appartement à Cassis dont il est désormais propriétaire. patrim.

d) Maxime a demandé au journal du lycée de ne pas diffuser les photos de lui prises à son insu. extra.

e) Kerian fait la grève devant l'entreprise de fabrication de costumes de théâtre pour laquelle il travaille depuis deux ans. extra.

f) Arnaud vient de publier une bande dessinée dont il a fait les dessins. patrim.

g) La banque a accordé un prêt à Ilham pour l'achat d'un véhicule. patrim.

h) Pierre et Louise ont fêté leurs 25 ans. Ils ont décidé de se marier en juin prochain. extra.

3 Déterminer la composition du patrimoine d'une personne

★

De l'immobilier, les droits sur un catalogue conséquent et un montage financier permettant d'adoucir la note fiscale : la mort de Charles Aznavour va laisser à ses héritiers – sa veuve et ses six enfants – un patrimoine conséquent à se partager, dont l'estimation varie selon les médias qui ont tenté de le quantifier. [...] Côté œuvres purement artistiques, Charles Aznavour est l'auteur – pour lui ou pour d'autres artistes – d'environ 1 200 chansons dont les droits d'auteur dureront 70 ans après la mort de l'artiste (donc jusqu'en 2088). [...] Charles Aznavour, c'est aussi un patrimoine immobilier conséquent avec, au premier rang, sa résidence principale au bord du lac Léman (côté Suisse) et sa maison dans les Alpilles (où il est décédé) jouxtant son exploitation d'oliviers sur 40 000 mètres carrés, et sa société d'exploitation d'huile d'olive, déjà au nom de ses enfants. [...] Un blog canadien spécialisé dans l'immobilier et le patrimoine avait estimé la fortune du chanteur à environ 145 millions d'euros.

« Héritage de Charles Aznavour : combien laisse-t-il à sa femme et ses enfants ? », www.francesoir.fr, 03/10/2018.

1. Quelle est la composition du patrimoine de Charles Aznavour à son décès ?
2. Distinguez les éléments incorporels et les éléments corporels le composant.
3. Distinguez les biens meubles et les biens immeubles le composant.

4 Distinguer biens meubles et immeubles : la particularité des immeubles par destination

★★

Titulaire d'un BTS Agricole, Sergio vient de passer deux ans dans une exploitation de vaches laitières en Normandie. Décidé à s'installer dans cette région, il est à la recherche d'une exploitation à acheter. Il pense avoir trouvé le bien idéal : une habitation de 180 mètres carrés sur deux niveaux, un local de traite des vaches d'environ 400 mètres carrés pour les animaux, des appentis, un tracteur, des machines de traite, des outils de nettoyage, 44 vaches. Malgré de nombreuses discussions, Albert, l'agriculteur vendeur, accepte de céder ses terres ainsi que les bâtiments, mais refuse toujours de vendre les matériels et machines et les 44 vaches. Sergio explique à Albert que l'achat des immeubles (terrains et bâtiments) servant à l'exploitation implique normalement l'achat des vaches et de tout le matériel nécessaire à l'exploitation.

1. Parmi les biens de l'exploitation que Sergio souhaite acheter, distinguez les biens meubles par nature et les biens immeubles.
2. Quelle qualification particulière la loi attache-t-elle à certains biens meubles rattachés à un bien immeuble ? Pour quelles raisons ?
3. Pour quelles raisons Albert devrait-il logiquement vendre son matériel et ses vaches ?

DOC. **Article 524 du Code civil**

Les objets que le propriétaire d'un fonds [terrain] y a placés pour le service et l'exploitation de ce fonds sont immeubles par destination.
Les animaux que le propriétaire d'un fonds y a placés aux mêmes fins sont soumis au régime des immeubles par destination [...].

5 Identifier le caractère transmissible des droits patrimoniaux

★

Vous êtes parent d'enfants nés d'une ou plusieurs unions, vous avez constitué un patrimoine avec un nouveau conjoint qui a lui-même des enfants d'un premier lit... Attention, terrain miné ! Mal prévue, la transmission de votre patrimoine, qu'elle soit anticipée par des donations ou finale avec une succession, pourrait être compliquée. Première règle à connaître : en France, le Code civil interdit de déshériter ses enfants. Chacun bénéficie d'une part réservataire minimale dans votre succession. « En présence d'un enfant, elle correspond à la moitié de la succession, deux enfants se partagent les deux tiers et trois enfants et plus les trois quarts », explique Sophie Bizien, notaire à Saint-Pol-de-Léon. Vous pouvez ensuite transmettre le solde, appelé quotité disponible, à qui vous souhaitez par testament. À défaut, cette part sera partagée entre vos héritiers légaux.

Marie Pellefigue, « Comment transmettre son patrimoine dans une famille recomposée », www.lemonde.fr, 10/04/2018.

1. Quel est le problème posé par la transmission de patrimoine d'après l'article ?
2. D'après le droit français, le patrimoine peut-il être cédé librement ?
3. Quelles sont les dispositions particulières prévues par le Code civil ?

6 Identifier le caractère saisissable des droits patrimoniaux

★

La direction générale de l'Aviation civile annonce qu'elle a fait procéder par voie de justice à la saisie [...] d'un avion de la compagnie Ryanair le jeudi 8 novembre sur l'aéroport de Bordeaux-Mérignac.

Cette mesure visait à contraindre Ryanair à rembourser les soutiens publics qu'elle a perçus de la part du syndicat mixte des aéroports de la Charente [...]. Ces aides avaient été versées dans le cadre de l'activité de la compagnie sur l'aéroport d'Angoulême de 2008 à 2009.

Cette mesure a été prise en dernier recours par les autorités françaises [...]. L'avion est immobilisé jusqu'au paiement de la somme réclamée.

« Saisie conservatoire d'un avion de Ryanair à Bordeaux-Mérignac », www.aerobuzz.fr, 09/11/2018.

1. Quels éléments du patrimoine de Ryanair sont en cause dans cette situation ?
2. Quel droit patrimonial y est attaché ?
3. Quel caractère des droits patrimoniaux est mis en œuvre dans cette situation ? Expliquez.

7 Identifier le caractère prescriptible des droits patrimoniaux

★★

Vincent travaille pour Gelati, un fabricant de glaces artisanales, depuis cinq ans. Il y a quelques semaines, il a décidé de réclamer à son employeur le règlement de 136 heures supplémentaires effectuées la première année de son contrat. Son employeur refuse et lui explique qu'il fallait le demander plus tôt.

1. Que réclame Vincent à son employeur ?
2. Comment qualifie-t-on cette revendication en droit ?
3. Que prévoit la loi pour la revendication de ce type de créances ?
4. Vincent pourra-t-il obtenir gain de cause ?

DOC. **Le délai de réclamation du salaire**

L'article L. 3245-1 du Code du travail pose depuis la loi n° 2013-504 du 14 juin 2013 une prescription de trois ans : « L'action en paiement [...] du salaire se prescrit par trois ans à compter du jour où celui qui l'exerce a connu ou aurait dû connaître les faits lui permettant de l'exercer. »

8 Se préparer au bac Identifier la règle juridique applicable

Pour cette application, vous pouvez vous aider de la fiche méthode 3.

Fille unique, Clémentine exerce la profession de conseil en formation et a installé son activité professionnelle au rez-de-chaussée de sa maison de Pernes-les-Fontaines, dans le Vaucluse. Son père vient de décéder. Il lègue à sa fille une maison dans les Cévennes d'une valeur de 120 000 euros, 6 200 euros d'argent liquide ainsi que trois tableaux estimés à une valeur de 58 000 euros. Le notaire attire l'attention de Clémentine sur le fait que son père ne s'était pas acquitté de la somme due au titre des impôts sur le revenu pour un montant de 8 000 euros.

Quelque temps auparavant, Clémentine était inquiète car elle éprouvait certaines difficultés à payer ses factures pour un total de 30 000 euros et redoutait que ses créanciers saisissent ses biens, et notamment la maison familiale.

1. Dans un tableau, distinguez les éléments meubles et immeubles, corporels et incorporels transmis à Clémentine par son père.
2. Quelle est la valeur du patrimoine de Clémentine avant le décès de son père ? Après le décès de son père ?
3. Que redoutait-elle avant le décès de son père ?
4. Quelle est la règle applicable qui lui aurait permis de faire face à cette situation ?

DOC. 1 **Le patrimoine est une garantie pour les créanciers**

Article 2284 du Code civil : « Quiconque s'est obligé personnellement est tenu de remplir son engagement sur tous ses biens mobiliers et immobiliers, présents et à venir. »
Article 2285 du Code civil : « Les biens du débiteur sont le gage commun de ses créanciers [...]. »

DOC. 2 **Des éléments de patrimoine protégés par la loi**

Article L. 526-1 du Code de commerce : « [...] Les droits d'une personne physique immatriculée à un registre de publicité légale à caractère professionnel ou exerçant une activité professionnelle agricole ou indépendante sur l'immeuble où est fixée sa résidence principale sont de droit insaisissables par les créanciers dont les droits naissent à l'occasion de l'activité professionnelle de la personne. Lorsque la résidence principale est utilisée en partie pour un usage professionnel, la partie non utilisée pour un usage professionnel est de droit insaisissable [...]. »

Synthèse

Le patrimoine

- **La composition du patrimoine**
  - En termes économiques
    - Un actif, composé de **droits patrimoniaux** évaluables en argent
    - Un passif, composé des **dettes** et obligations pécuniaires
  - En termes de biens
    - Biens **corporels**, ayant une matérialité (maison, voiture...)
    - Biens **incorporels**, sans existence matérielle (créance, clientèle...)
    - Biens **immeubles** (bâtiments, droit de revendiquer une maison...)
    - Biens **meubles** (voiture, titre de société...)
  - En termes de droits
    - Droits **réels**, portant sur une chose (propriété d'une maison...)
    - Droits **personnels**, s'exerçant contre une personne (créance)
    - Droits **intellectuels**, portant sur les créations (marque...)

- **Les caractères des droits patrimoniaux**
  - **Transmissibles**, par voie successorale
  - **Cessibles**, par vente ou donation
  - **Saisissables**, par un créancier impayé
  - **Prescriptibles**, après un délai de non-usage

Rédigez votre synthèse personnelle à l'aide des mots-clés suivants :

- Patrimoine
- Biens meubles
- Biens immeubles
- Biens corporels
- Biens incorporels
- Droits réels
- Droits personnels
- Droits intellectuels
- Droits de la personnalité
- Caractères des droits patrimoniaux : cessibles, transmissibles, saisissables, prescriptibles

Tout le monde n'est pas apte à défendre des droits

Capacités

- Identifier et qualifier une personne juridique
- Distinguer une personne physique et une personne morale
- Analyser les conséquences de la personnalité juridique
- Expliquer les conséquences de l'incapacité juridique d'une personne physique ou morale

À l'aide de vos connaissances et des ressources documentaires en annexe, analysez la situation juridique ci-dessous et répondez aux questions.

Situation

Il y a quelques mois, M. Marquet, un riche industriel de 58 ans, a subi un AVC (accident vasculaire cérébral). Les médecins ont constaté des lésions irréversibles. M. Marquet a perdu la parole et l'usage de son bras et de sa jambe droits. Si ses capacités intellectuelles semblent légèrement amoindries, il parvient tout de même à exprimer ses volontés par l'intermédiaire de son ordinateur. En particulier, il a indiqué à ses proches qu'il souhaitait rédiger son testament. Il veut organiser la répartition de ses biens entre son épouse et ses deux enfants : Julianne, âgée de 21 ans et Isabelle, âgée de 15 ans.

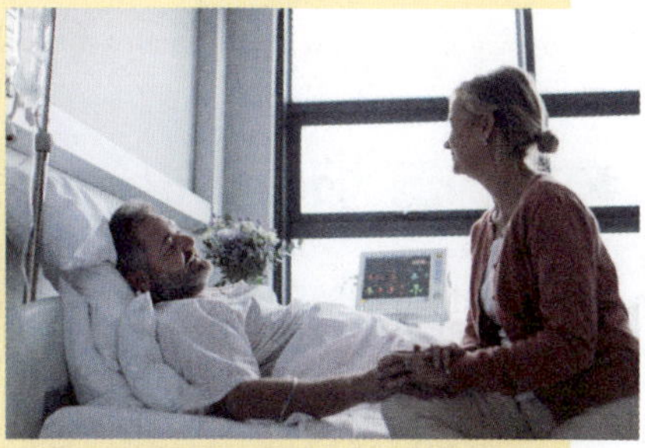

La femme de M. Marquet s'interroge sur le moyen de le protéger et d'éviter que son entreprise perde toute valeur du fait de la vacance de la direction générale. Elle se demande aussi ce qu'il en est de la possibilité pour son mari de rédiger son testament et de ses effets pour sa fille mineure.

1. Quel problème juridique l'état de santé défaillant de M. Marquet pose-t-il à la société qu'il dirigeait ?
2. Quels dispositifs juridiques peuvent permettre d'assurer la protection des intérêts patrimoniaux de M. Marquet ? Lequel vous semble le plus pertinent ? Justifiez votre choix.
3. M. Marquet pourra-t-il rédiger son testament comme il le souhaite ?
4. Comment les biens allant à sa fille mineure seront-ils gérés ? Envisagez différents types d'actes juridiques pouvant les concerner, les actes d'administration d'une part, les actes de disposition d'autre part.
5. Expliquez le sens de l'expression « incapacité de protection » qui s'applique aux mineurs et à certains majeurs.

ANNEXE 1 Incapables majeurs : les différentes mesures de protection juridique

Votre proche n'arrive plus à s'occuper seul de ses affaires courantes (la gestion de ses comptes, le règlement de ses factures…). Vous craignez un abus de faiblesse. En tant que proche, vous pouvez demander sa protection juridique.

Qui peut faire l'objet d'une mesure de protection juridique ?

Les personnes placées sous mesure de protection juridique doivent être reconnues vulnérables par un juge des tutelles. Leurs facultés mentales ou corporelles doivent être momentanément ou durablement altérées au point d'empêcher l'expression de leur volonté. [...]

Trois types de mesures, progressives et limitées dans le temps

Il existe trois types de mesures de protection juridique listées de la moins forte à la plus forte :
– la sauvegarde de justice : une mesure provisoire ;
– la curatelle : une mesure d'assistance et de contrôle (le curateur fait « avec » la personne) ;
– la tutelle : une mesure de représentation (le tuteur « fait à la place de »).

« Les différentes mesures de protection juridique », www.pour-les-personnes-agees.gouv.fr, 17 février 2015.

Entraînez-vous !

ANNEXE 2 Demander une mesure de protection juridique

Comment demander l'ouverture d'une mesure de protection juridique ?
Pour ouvrir une mesure de protection juridique, il faut la demander auprès du juge des tutelles [...]. Un certificat médical établi par un médecin agréé par le procureur de la République doit être joint à la demande. [...]
Qui peut faire la demande de mise sous protection juridique ?
L'ouverture d'une mesure de protection juridique ne peut être demandée au juge que par les personnes suivantes : la personne à protéger elle-même, ou la personne avec qui elle vit en couple, un membre de sa famille [...], le procureur de la République [...].
Qui peut exercer la mesure de protection ?
[...] Le conjoint et la famille sont les personnes qui sont sollicitées en premier pour être le tuteur, le curateur ou le mandataire spécial de la personne. Le juge peut désigner plusieurs personnes.

« Les différentes mesures de protection juridique », www.pour-les-personnes-agees.gouv.fr, 17 février 2015.

ANNEXE 3 Code civil

Article 425. Toute personne dans l'impossibilité de pourvoir seule à ses intérêts en raison d'une altération, médicalement constatée, soit de ses facultés mentales, soit de ses facultés corporelles de nature à empêcher l'expression de sa volonté peut bénéficier d'une mesure de protection juridique prévue au présent chapitre. [...]

Article 467. La personne en curatelle ne peut, sans l'assistance du curateur, faire aucun acte qui, en cas de tutelle, requerrait une autorisation du juge ou du conseil de famille.

Lors de la conclusion d'un acte écrit, l'assistance du curateur se manifeste par l'apposition de sa signature à côté de celle de la personne protégée. [...]

Article 470. La personne en curatelle peut librement tester [...].Elle ne peut faire de donation qu'avec l'assistance du curateur. [...]

Article 473. Sous réserve des cas où la loi ou l'usage autorise la personne en tutelle à agir elle-même, le tuteur la représente dans tous les actes de la vie civile.

Toutefois, le juge peut, dans le jugement d'ouverture ou ultérieurement, énumérer certains actes que la personne en tutelle aura la capacité de faire seule ou avec l'assistance du tuteur.

Article 474. La personne en tutelle est représentée dans les actes nécessaires à la gestion de son patrimoine [...].

Article 476. La personne en tutelle peut, avec l'autorisation du juge ou du conseil de famille s'il a été constitué, être assistée ou au besoin représentée par le tuteur pour faire des donations.

Elle ne peut faire seule son testament après l'ouverture de la tutelle qu'avec l'autorisation du juge ou du conseil de famille s'il a été constitué, à peine de nullité de l'acte. Le tuteur ne peut ni l'assister ni la représenter à cette occasion.

ANNEXE 4 L'administration légale des biens du mineur

L'administration légale permet aux parents d'administrer les biens de leurs enfants mineurs et de bénéficier des revenus de ces biens. C'est un attribut de l'autorité parentale. [...]
Si l'autorité parentale est exercée en commun par les deux parents, chacun d'entre eux est administrateur légal. Dans les autres cas, l'administration légale appartient à celui des parents qui exerce l'autorité parentale (C. civ. art. 382). [...]
En présence des deux parents, l'administration est en principe exercée en commun. [...]
Le parent exerçant seul l'administration légale peut accomplir seul les actes d'administration.
Sauf exceptions, les administrateurs légaux agissant en commun et, ce qui est nouveau, l'administrateur exerçant seul l'autorité parentale peuvent accomplir les actes de disposition sans solliciter l'autorisation du juge des tutelles. [...]
Certains actes de disposition particulièrement graves nécessitent toujours l'autorisation du juge des tutelles. Ainsi [...] les administrateurs légaux doivent solliciter le juge pour vendre de gré à gré ou apporter en société un immeuble ou un fonds de commerce appartenant au mineur, pour contracter un emprunt en son nom ou pour renoncer à l'un de ses droits (C. civ. art. 387-1).

« La gestion des biens des mineurs "simplifiée" ! », www.efl.fr, 10 février 2016.

Les droits extrapatrimoniaux

8

Capacités

- Distinguer les droits patrimoniaux et les droits extrapatrimoniaux
- Identifier une atteinte à un droit extrapatrimonial
- Appliquer les règles relatives aux droits extrapatrimoniaux dans une situation donnée
- Expliquer les enjeux de la protection des données à caractère personnel
- Vérifier le respect des obligations liées à la protection des données à caractère personnel

Avant la classe Nathan live!

Vidéo : Le voyant Dave – Fédération Belge du secteur financier
dai.ly/xx06es

Votre vie privée est-elle en danger sur les réseaux sociaux ?

Situations

VIE PRIVÉE, VIE PUBLIQUE ET VIE NUMÉRIQUE…

Un mariage en catimini…

Andrea Casiraghi, membre de la famille princière de Monaco, s'est marié avec Tatiana Santo Domingo. Avant d'échanger les alliances, ils ont fait baptiser leur fils Sacha. Toute l'organisation de ces festivités démontre que le couple a souhaité préserver au mieux son intimité : aucune annonce, liste des invités restée secrète, ordre donné aux invités qu'aucune photographie ne soit diffusée, notamment sur les réseaux sociaux. Mais peu après, un article du magazine *Paris Match*, illustré par de jolies photographies, révèle le mariage princier et le baptême…

La guerre contre les géants du Web est déclarée

Le rapport de force entre les géants du numérique et les citoyens peut-il s'inverser ? C'est en tout cas ce qu'espère l'association spécialisée dans la défense des droits des internautes La Quadrature du Net. À l'occasion de l'entrée en vigueur [le vendredi 25 mai 2018] du nouveau règlement européen de protection de la vie privée (RGPD), les militants organisent une action de groupe [signée par plus de 11 000 plaignants] contre les GAFAM [Google, Apple, Facebook, Amazon, Microsoft]. Selon l'association, la collecte des données des utilisateurs [des GAFAM] serait illégale et les internautes obligés d'y consentir pour utiliser leurs services.

« Action de groupe contre les géants du numérique : "En six semaines, 11 000 personnes ont signé notre pétition" », H. Sergent, www.20minutes.fr, 25/05/2018

1 Identifier les droits extrapatrimoniaux

DOC. 1 Présentation des droits extrapatrimoniaux

Ces droits, comme leur nom l'indique, sont en dehors du patrimoine d'une personne : cela signifie qu'ils ne peuvent pas être évalués en argent, ils n'ont pas de valeur pécuniaire. Les droits extrapatrimoniaux sont en effet **attachés à la personne** : ces droits, intimes à chaque personne, lui permettent de protéger ses libertés, sa vie familiale, sa vie sociale. Ils peuvent être classés en quatre catégories.

Droits politiques et civiques	Droits relatifs à la vie familiale	Droits relatifs à la vie professionnelle	Droits de la personnalité
Droit de vote, liberté d'expression, droit de grève…	Droit de se marier, droit des enfants à une éducation…	Droit à l'emploi, liberté d'entreprendre…	Droit au respect de son honneur, droit au nom…

DOC. 2 Les droits de la personnalité

Les droits de la personnalité protègent l'intégrité d'une personne.
- Il existe des droits relatifs au respect de **l'intégrité physique** des personnes. Par exemple, le droit au respect du corps humain permet de sanctionner toute atteinte contre une personne (coups et blessures…).
- Certains droits de la personnalité garantissent le respect de **l'intégrité morale** : ils protègent les éléments de nature plutôt psychologique qui caractérisent une personne. Par exemple, chaque personne a droit au respect de son honneur. Chacun bénéficie d'un droit au respect de sa vie privée. La jurisprudence a également reconnu à toute personne un droit exclusif sur son image.

DOC. 3 Les règles relatives aux droits extrapatrimoniaux

Les droits extrapatrimoniaux sont hors du commerce. À l'inverse des droits patrimoniaux, ils sont :

- **Inaliénables** → Ces droits ne peuvent pas faire l'objet de contrats (vente, location, donation…). *Exemple :* on ne peut pas vendre son droit à l'honneur, quel que soit le prix en échange.
- **Intransmissibles** → Au décès d'une personne, ces droits ne sont pas transmis à ses héritiers. *Exemple :* une personne ne peut pas transmettre par testament son droit au respect de son image.
- **Insaisissables** → Ils ne peuvent pas être saisis par un créancier qui souhaiterait être payé. *Exemple :* une banque ne peut pas faire saisir le nom d'une personne pour se faire rembourser un prêt non honoré par celle-ci.
- **Imprescriptibles** → Une personne ne perd pas ses droits extrapatrimoniaux même si elle ne les utilise pas. *Exemple :* une personne qui ne vote jamais conserve son droit de vote.

Situation Andrea Casiraghi et son épouse Tatiana Santo Domingo s'interrogent sur leurs droits quant à la confidentialité de leur mariage et du baptême de leur fils.

1 Indiquez, pour chacun des droits ci-dessous, s'ils sont patrimoniaux ou extrapatrimoniaux. Doc. 1

a. Le droit au respect de sa voix : extrapatrimonial

b. Le droit d'obtenir le remboursement d'un prêt : patrimonial

c. Le droit pour le propriétaire d'un appartement mis en location d'obtenir le paiement des loyers : patrimonial

d. Le droit à la présomption d'innocence : extrapatrimonial

e. Le droit au respect entre époux : extrapatrimonial

f. Le droit de propriété sur sa maison : patrimonial

g. La liberté de s'inscrire dans une association : extrapatrimonial

2 Quelle catégorie de droits extrapatrimoniaux est ici en jeu pour le couple princier ? Doc. 1

3 Ces droits extrapatrimoniaux peuvent-ils être évalués sous forme monétaire ? Doc. 1

Non, ils n'ont pas de valeur pécuniaire

4 Quels sont les droits dont peuvent se prévaloir les jeunes époux pour bénéficier de la confidentialité de leur mariage et du baptême de leur fils ? Doc. 2

5 Ces droits protègent-ils leur intégrité physique ou leur intégrité morale ? Doc. 2

Morale

Situation Le couple princier a souvent fait l'objet d'articles dans la presse à scandale. Les époux sont malheureusement habitués à être photographiés à leur insu. Jusqu'à présent, ils n'ont jamais voulu poursuivre en justice les magazines en cause.

6 Les jeunes époux ont-ils perdu leurs droits extrapatrimoniaux ? Justifiez votre réponse. Doc. 3

Les droits extrapatrimoniaux sont imprescriptible

7 Le couple princier peut-il mettre en vente le respect de sa vie privée ? Justifiez votre réponse. Doc. 3

Allez plus loin ! STMG_CH08_plus_loin_partie1.pdf

2 Identifier une atteinte à un droit extrapatrimonial

DOC. 4 Le contenu des droits au respect de la vie privée et à l'image

Article 9 alinéa 1er du Code civil :
« Chacun a droit au respect de sa vie privée. »
Article 8 de la Convention européenne des droits de l'homme :
« 1. Toute personne a droit au respect de sa vie privée et familiale, de son domicile et de sa correspondance. »

Les tribunaux ont déterminé, au fur et à mesure des affaires, ce qui relève de la vie privée : la vie sentimentale et familiale, le domicile, l'orientation sexuelle, la pratique religieuse, la situation médicale, l'état de grossesse…
La jurisprudence a également reconnu à chaque personne un droit exclusif sur son image, sur le fondement de l'article 9 : toute personne est libre d'accepter ou de refuser d'être photographiée ou filmée, mais aussi d'autoriser ou non l'utilisation et l'exploitation de son image.

DOC. 5 La chanteuse Jenifer fait condamner *Public*

La chanteuse à succès Jenifer a intenté une action en justice contre la société *Public* qui, dans l'un de ses magazines à scandale, a révélé sa grossesse et a évoqué sa vie sentimentale, notamment au moyen de photographies prises pendant les vacances du couple en Corse. La star, en colère contre cette atteinte à sa vie privée et à son droit à l'image, a demandé en justice des dommages-intérêts en réparation du préjudice qu'elle a subi, ainsi qu'une publication de la décision de justice condamnant *Public*. Elle ne demande pas, comme elle aurait pu le faire, la saisie de tous les exemplaires non encore vendus du magazine.
Le tribunal de grande instance de Paris fait droit en partie à ses demandes : il juge que les éléments révélés sur sa vie sentimentale et sa grossesse relèvent de la vie privée de la chanteuse, et que les clichés photographiques la représentant, pris et publiés sans son autorisation, portent atteinte à son droit à l'image. Il alloue donc des dommages-intérêts à hauteur de 6 000 euros à la chanteuse. Mais le tribunal ne condamne pas la société *Public* à la publication de la décision de justice.

DOC. 6 Article L.226-1 du Code pénal

Est puni d'un an d'emprisonnement et de 45 000 euros d'amende le fait, au moyen d'un procédé quelconque, volontairement de porter atteinte à l'intimité de la vie privée d'autrui :

1. En captant, enregistrant ou transmettant, sans le consentement de leur auteur, des paroles prononcées à titre privé ou confidentiel ;
2. En fixant, enregistrant ou transmettant, sans le consentement de celle-ci, l'image d'une personne se trouvant dans un lieu privé. […]

DOC. 7 Droits au respect de la vie privée et à l'image contre droit à l'information ?

Dans un arrêt du 21 mars 2018, la Cour de cassation a cassé et annulé l'arrêt de la cour d'appel de Versailles qui avait retenu l'atteinte à la vie privée et au droit à l'image par la société *Paris Match* pour avoir publié un article relatif au mariage d'Andrea Casiraghi et au baptême de son fils.

Selon la Cour de cassation, il faut que les juges trouvent un équilibre entre, d'une part, le respect de la vie privée et du droit à l'image et, d'autre part, le droit du public à l'information, protégé par l'article 10 de la Convention européenne des droits de l'homme. Pour la Cour de cassation, la cour d'appel de Versailles aurait dû rechercher « si le public avait un intérêt légitime à être informé du mariage religieux d'un membre d'une monarchie héréditaire et du baptême de son fils. »

Situation Andrea Casiraghi et son épouse sont très mécontents de la diffusion de cet article dans *Paris Match* donnant des détails sur leur mariage et le baptême de leur fils et qui est illustré par des photographies. Ils n'ont jamais donné leur accord : au contraire, ils ont veillé à rester les plus discrets possible. Ils décident de poursuivre *Paris Match* en justice.

8 Expliquez en quoi l'article de *Paris Match* porte atteinte à la vie privée du couple et de leur fils. Doc. 4

Car se sont des éléments qui relèvent de la vie privée

9 Expliquez en quoi l'article de *Paris Match* porte atteinte au droit à l'image du couple et de leur fils. Doc. 4

En publiant des photos montrant les visages, l'article porte atteinte au droit à l'image car ParisMatch n'a pas obtenu leur accord

10 Sur quels textes juridiques le couple pourrait-il fonder son action en justice ? Doc. 4

Art 9 du code civil et art 8 de la convention Européenne des droits de l'homme

11 Que pourrait obtenir le couple princier en justice ? Doc. 5

Si leur action aboutisse ils pourraient obtenir les réparations du préjudice par l'octroi du dommage intérêt la publication du jugement et la saisi des exemplaires du magazine

12 La société propriétaire de *Paris Match* pourrait-elle être condamnée pénalement ? Doc. 6

Article 226-1 du code pénal (amende - peine d'emprisonnement) sanction pénal en cas de violation de la vie privé d'autrui.

Situation La procédure judiciaire lancée par le couple princier n'est pas de tout repos. Après le jugement rendu en première instance, un appel a été formé. La cour d'appel a condamné la société propriétaire de *Paris Match* pour violation de la vie privée et de l'image du couple et de leur fils. *Paris Match* doit donc leur verser des dommages-intérêts et a l'interdiction de réutiliser les clichés. La société forme alors un pourvoi en cassation.

13 Quel droit extrapatrimonial vient limiter les droits au respect de la vie privée et à l'image ? Doc. 7

le droit du public à l'information

14 Pourquoi la Cour de cassation a-t-elle considéré, dans cette affaire, que l'atteinte à la vie privée du couple princier pouvait ne pas être sanctionnée ? Doc. 7

La cour d'appel aurait du vérifier si le public n'avait pas intérêt du mariage religieux et du Baptême

15 Expliquez pourquoi il n'est pas possible de faire prévaloir les droits au respect de la vie privée et à l'image sur le droit à l'information et inversement. Doc. 4 et Doc. 7

Le droit à la vie privé et le droit à l'information sont protégés par des textes de même valeur (convention européenne des droits de l'homme) Ils ont la même valeur normative

Allez plus loin ! STMG_CH08_plus_loin_partie2.pdf

3 Expliquer et vérifier la protection des données à caractère personnel

DOC. 8 Pourquoi faut-il protéger les données à caractère personnel ?

En naviguant sur Internet ou sur une application mobile, nous laissons des données qui permettent de nous identifier : notre adresse IP, nos prénoms et nom, nos coordonnées, notre numéro de carte bleue, nos goûts, notre note si l'on a utilisé un service en ligne…

Les entreprises collectent ces données pour dresser notre profil et proposer des publicités adaptées à nos préférences. Mais ces données peuvent aussi être utilisées par un « pirate » pour usurper notre identité numérique et commettre des actes malveillants. Certains États peuvent aussi avoir intérêt à collecter des données sur leurs citoyens. La Chine expérimente ainsi un système de « crédit social » par lequel elle note ses citoyens en fonction des données personnelles collectées…

DOC. 9 La protection des données à caractère personnel

Depuis le 25 mai 2018, les données à caractère personnel des citoyens européens sont protégées par le Règlement général sur la protection des données (RGPD), texte adopté dans le cadre de l'Union européenne. L'application et le respect du RGPD sont garantis, en France, par un organe public et indépendant : la Commission nationale de l'informatique et des libertés (CNIL).

Être conforme au **25 mai 2018**

Amendes jusqu'à **4 % du CA** annuel global ou 20 M€

Garantir aux personnes physiques l'**accès**, la **modification**, la **restitution** et l'**effacement** de leurs données

Recueillir et prouver le **consentement** éclairé des individus

Sécuriser les données contre les risques de perte, de vol ou de divulgation

Documenter les **mesures** et les **procédures** de protection

Notifier la **CNIL sous 72 h** en cas de risque réel d'atteinte à la protection de la vie privée

Garantir **la sécurité de toutes les données** collectées, traitées et stockées

D'après mc2i.fr

DOC. 10 La condamnation de Google par la CNIL

CNIL. COMMISSION NATIONALE INFORMATIQUE & LIBERTÉS

Le 21 janvier 2019, la CNIL a condamné Google à une amende record de 50 millions d'euros après avoir identifié deux manquements au RGPD. D'abord, Google rend très difficile l'accès par les internautes à des informations obligatoires, notamment sur la finalité de la collecte des données à caractère personnel et leur durée de conservation. De plus, Google recueille de manière insuffisante le consentement des internautes. En effet, l'internaute donne en une seule fois son consentement… pour tous les services Google (Google Search, YouTube, Google Home, Google Maps, PlayStore, Google Photos, etc.), sans en être informé. Google a fait appel de la décision devant le Conseil d'État.

Situation La Quadrature du Net, association de défense des droits des internautes, souhaite que Google respecte les nouvelles règles européennes de protection des données à caractère personnel. L'association décide de saisir la CNIL pour faire sanctionner Google.

16 Identifiez différentes données à caractère personnel que vous avez divulguées sur un réseau social. Doc. 8

Prénom, nom, coordonnées etc etc

17 Quels sont les risques liés à la collecte des données à caractère personnel ? Doc. 8

Les ent. exploite ses données les pv public peuvent également les exploiter et enfin un pirate peut voler les données et usurper l'identité

18 À quel droit extrapatrimonial la collecte des données personnelles risque-t-elle de porter atteinte ? Doc. 8

Le droit au respect à la vie privé

19 Quels citoyens bénéficient de la protection apportée par le RGPD ? Doc. 9

Tous les citoyens résident au sein de l'union Européenne

20 Quel organe assure, en France, la protection des données personnelles ? Doc. 9

C'est la CNIL

21 Quels sont les droits reconnus par le RGPD aux internautes quant à leurs données à caractère personnel ? Doc. 9

peuvent demander d'accéder à leurs données personnelle détenu par les ent. exiger la suppression des données

22 Quelles sont les obligations auxquelles sont soumises les entreprises qui collectent et analysent des données à caractère personnel ? Doc. 9

- Protéger les données
- demander le consentement des personnes
- Avertir la CNIL en cas de risque d'atteinte à la protection de la vie privé

23 À quoi a été condamné Google ? Doc. 10

À une Amende de 50 millions d'€

24 Expliquez pourquoi la CNIL a sanctionné Google. Doc. 10

Google n'informe pas sufisamment les internautes sur le sors des données collecté et ne reccueille pas suffisament le consentement des utilisateur

Allez plus loin ! STMG_CH08_plus_loin_partie3.pdf

Applications

1 Tester vos connaissances

Répondez par vrai ou par faux aux propositions suivantes.

1. Les droits de la personnalité sont les seuls droits extrapatrimoniaux.
   ☐ Vrai ☒ Faux
2. Les droits extrapatrimoniaux ne peuvent pas être vendus.
   ☒ Vrai ☐ Faux
3. Le droit au respect de la vie privée protège l'intégrité morale des personnes.
   ☒ Vrai ☐ Faux
4. Il peut y avoir atteinte au droit à l'image sans atteinte au respect de la vie privée.
   ☒ Vrai ☐ Faux
5. Seuls des dommages-intérêts sont alloués en cas d'atteinte à un droit de la personnalité.
   ☐ Vrai ☒ Faux
6. Le droit à l'information l'emporte toujours sur le respect de la vie privée.
   ☐ Vrai ☒ Faux
7. Les entreprises doivent demander le consentement aux internautes pour collecter leurs données à caractère personnel.
   ☒ Vrai ☐ Faux
8. Le RGPD protège les données personnelles des citoyens du monde entier.
   ☐ Vrai ☒ Faux
9. La CNIL peut prononcer des sanctions financières en cas de non-respect du RGPD.
   ☒ Vrai ☐ Faux

2 Comprendre et acquérir le vocabulaire juridique

★

1. Reformulez les idées suivantes en veillant à expliquer le terme juridique qui est souligné.
   a. Les droits extrapatrimoniaux sont insaisissables.
   b. Certains droits de la personnalité protègent l'intégrité physique des personnes.
   c. Chacun a droit au <u>respect de sa vie privée</u>.
2. Reformulez les propositions suivantes en utilisant le bon vocabulaire juridique.
   a. Les individus conservent leurs droits extrapatrimoniaux, même s'ils ne les utilisent pas.
   b. Toute personne décide librement si elle accepte ou non d'être prise en photo.
   c. Le RGPD protège les informations intimes des personnes sur Internet.

3 Identifier un droit extrapatrimonial

★

Samir et Jamila ont toujours souhaité fonder une famille, mais souffrent de stérilité. Ils envisagent de recourir à une mère porteuse.

1. Listez les droits extrapatrimoniaux consacrés dans l'article 16-1 du Code civil.
2. Expliquez pourquoi Samir et Jamila ne peuvent pas avoir recours à une mère porteuse.

DOC. La gestation pour autrui est-elle compatible avec la protection du corps humain ?

La gestation pour autrui consiste pour une femme (la mère porteuse) à porter un enfant gratuitement ou contre rémunération, pour un couple. La mère porteuse peut être la mère génétique de l'enfant, ou n'être que la gestatrice (si l'enfant est conçu avec les gamètes du couple ou ceux de donneurs).

Article 16-1 du Code civil

Chacun a droit au respect de son corps.
Le corps humain est inviolable.
Le corps humain, ses éléments et ses produits ne peuvent faire l'objet d'un droit patrimonial.

Article 16-7 du Code civil

Toute convention portant sur la procréation ou la gestation pour le compte d'autrui est nulle.

4 Appliquer les règles relatives aux droits extrapatrimoniaux : l'exemple du don d'organes entre vivants

★★

1. Pourquoi n'est-il pas possible de donner une valeur aux organes ? Non car * Article 16-1 alinéa 3 du C.C
2. À quelle règle applicable aux droits extrapatrimoniaux le don d'organes entre vivants est-il une exception ? Au droit de l'inaliénabilité
3. Relevez les conditions à respecter pour pouvoir donner, de son vivant, un organe.

DOC. 1 Article 16-1 alinéa 3 du Code civil

Le corps humain, ses éléments et ses produits ne peuvent faire l'objet d'un droit patrimonial.

DOC. 2 Le don d'organes entre vivants

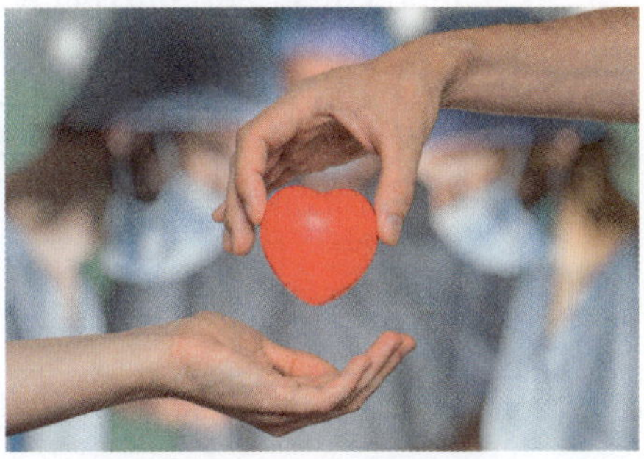

Il est possible de donner de son vivant, à un proche, l'un de ses organes (par exemple un rein). Peuvent être donneurs : les membres de la famille (parents, frères et sœurs, grands-parents, oncles et tantes, cousins), les conjoints, ainsi que toute personne pouvant justifier de deux ans de vie commune ou ayant un lien affectif étroit et stable depuis au moins deux ans avec le receveur.
Le don d'organes entre vivants est risqué pour le donneur. Il faut donc respecter une procédure particulière.
Le donneur, qui doit être majeur, doit fournir un bilan médical qui garantit qu'il peut procéder au don. Il doit être entendu par des professionnels (des médecins, un psychologue…), qui vont s'assurer qu'il donne librement son consentement au don. Enfin, le donneur doit exprimer son consentement devant un juge du tribunal de grande instance. Une limite importante est posée par le législateur : le donneur ne peut pas être rémunéré, le don d'organes entre vivants est forcément gratuit.

5 Identifier une atteinte au droit à la vie privée

★

1. Quels sont les faits qui ont opposé Steeve Briois et Octave Nitkowski ?
2. Steeve Briois invoquait-il son droit au respect à la vie privée ou son droit à l'image ?
3. À quoi et pourquoi la cour d'appel avait-elle condamné Octave Nitkowski ?
4. Pourquoi la Cour de cassation remet-elle en cause la décision de la cour d'appel ?

DOC. La Cour de cassation annule la condamnation de l'auteur d'un livre révélant l'homosexualité de l'élu Steeve Briois

La Cour de cassation a annulé ce mercredi [11 juillet 2018] la condamnation de l'auteur d'un livre à qui Steeve Briois, vice-président du Rassemblement national (RN, ex-FN), reprochait d'avoir révélé son homosexualité, et ordonné un troisième procès.
Le 31 mai 2017, la cour d'appel de Paris avait condamné Octave Nitkowski, auteur du livre *Le Front National des villes & le Front National des champs*, paru en 2014, à verser 4 000 euros de dommages et intérêts au maire RN d'Hénin-Beaumont pour atteinte à la vie privée, et 3 000 euros pour les frais de justice. […]. [La cour d'appel avait] estimé que la révélation de l'homosexualité de Steeve Briois n'apparaissait pas « justifiée par l'intérêt légitime du public d'être informé sur l'évolution du parti politique auquel il appartient, ni proportionnée à la gravité de l'atteinte portée à la sphère la plus intime de sa vie privée ».
La Cour de cassation a jugé que la cour d'appel avait fait là une mauvaise application du droit [puisque la cour d'appel] avait elle-même constaté que « les interrogations de l'auteur sur l'évolution de la doctrine d'un parti politique, présenté comme plutôt homophobe à l'origine, et l'influence que pourrait exercer, à ce titre, l'orientation sexuelle de plusieurs de ses membres dirigeants, relevaient d'un débat d'intérêt général », et que Steeve Briois était « devenu un membre influent de ce parti dans la région Nord-Pas-de-Calais ». Elle a donc renvoyé l'affaire devant la cour d'appel de Versailles.

www.ouest-france.fr, 11/07/2018

6 Identifier une atteinte au droit à l'image

1. Pourquoi la modèle invoquait-elle une atteinte à son droit à l'image ?
2. Expliquez la solution rendue par le tribunal de grande instance de Paris.
3. Y avait-il également, dans cette affaire, atteinte à la vie privée de la modèle ? Justifiez.

DOC. Sanction du droit à l'image à défaut d'autorisation, même implicite

Le TGI de Paris a condamné une société pour avoir diffusé sur internet les photos représentant un modèle sans son autorisation écrite, ou son consentement implicite, par un jugement du 21 novembre 2018. Pour ces atteintes au droit à l'image, elle devra lui verser [10 000 euros de dommages-intérêts].
[La] jeune femme avait posé, en tant que modèle, pour une marque de vêtements, pour un montant de 300 euros par séance, et par la suite sans rémunération quand elle est devenue salariée de la société. Les photos ont été utilisées pour le catalogue diffusé sur grossiste-en-ligne.com mais aussi sur Internet et les réseaux sociaux. La modèle ne s'attendait pas à une diffusion à une telle échelle de son image.

« Droit à l'image : pas d'autorisation, même implicite », www.legalis.net, 23/11/2018

7 Identifier une atteinte aux droits à la vie privée et à l'image

Lica est un chanteur qui connaît depuis peu un grand succès : il est très engagé contre les inégalités et le luxe. Mais Lica a peur pour son image car il a découvert dans le magazine *ViedesStars* un article qui révèle sa relation amoureuse avec la fille d'un milliardaire, Paris Million. Il est illustré par des photographies. La première a été prise lors d'un concert de rue où Lica était venu chanter : on voit sur cette photo le chanteur et, proche de lui, sa richissime compagne. La seconde photo montre le couple, main dans la main, dans la rue.

Lica et Paris estiment que cet article porte atteinte à leurs droits. Le magazine *ViedesStars* soutient au contraire qu'il s'agit d'informations qui pouvaient être révélées dans la presse.

L'affaire est soumise à la justice. Vous êtes les avocats des parties en litige. Constituez des groupes :
- la première moitié des groupes défendra les droits du chanteur Lica et de sa compagne ;
- l'autre moitié des groupes défendra les droits du magazine *ViedesStars*.

1. Rédigez une plaidoirie pour défendre vos clients. Vous construirez vos arguments à partir du document ci-dessous ainsi que des notions de droit au respect de la vie privée, de droit à l'image et de droit à l'information.
2. Exposez, à l'oral, vos plaidoiries contre un groupe défendant une partie adverse.
3. En synthèse, rédigez les solutions qui pourraient être retenues par le juge.

DOC. L'étendue du droit à l'image

[Le] droit à l'image n'existe pas seulement dans les lieux privés ; il s'applique également si la personne photographiée se trouvait sur la voie publique au moment où la photographie a été prise [même s'il s'agit d'une personnalité connue]. [...] Le droit à l'image ne peut [...] s'exercer que si la personne est identifiable. Dans une affaire datant de 2012, la Cour de cassation a ainsi refusé de considérer comme portant atteinte à l'image, la reproduction d'une photographie d'un mannequin (réalisée lorsqu'elle avait prêté son concours à une troupe de danse) sur l'emballage d'un paquet de sucre, du fait de la taille infime de la reproduction (trois millimètres sur deux) du visage litigieux et de la mauvaise définition générale de l'image.
Encore faut-il que l'image de la personne soit également isolée de son contexte. Il est licite de prendre des photographies, dans un lieu public, de plusieurs personnes identifiables. L'autorisation ne devient nécessaire que lorsque l'image de la personne est isolée, prise pour elle-même.

S. Dalet-Venot, « Qu'est-ce que le droit à l'image ? », www.village-justice.com, 31/10/2014

8 Vérifier le respect des obligations liées à la protection des données à caractère personnel

1. Quelles données à caractère personnel sont collectées par Vectaury ?
2. Quel est l'intérêt, pour Vectaury, de collecter ces données ?
3. Quel manquement au RGPD est reproché par la CNIL à Vectaury ?
4. La CNIL a-t-elle prononcé une sanction financière contre Vectaury ?

DOC. La CNIL épingle Vectaury, une start-up de ciblage publicitaire

Ils sont le plus souvent invisibles, mais omniprésents : la plupart des applications mobiles intègrent des « trackers ». Ces petits mouchards collectent des informations sur le téléphone, l'utilisation qui est faite de l'application… en général à des fins publicitaires. […] Vendredi 9 novembre [2018], [la CNIL] a rendu publique sa mise en demeure d'un éditeur français de ces trackers, Vectaury, lui reprochant d'exploiter des données d'utilisateurs de smartphones sans accord clair de leur part.
Cette société est la quatrième de ce type visée par la CNIL depuis l'entrée en vigueur du nouveau Règlement européen sur la protection des données (RGPD), le 25 mai [2018]. […] Vectaury a trois mois pour se mettre en conformité dans le recueil des consentements, faute de quoi elle risque une sanction de la CNIL.
Vectaury intègre des morceaux de code – des « SDK », en jargon informatique – dans les applications pour mobile distribuées par ses sociétés partenaires. Ces SDK lui permettent de collecter, même lorsque les applications ne fonctionnent pas, l'identifiant publicitaire des smartphones et des données de géolocalisation […].

www.lemonde.fr, 09/11/2018

9 Se préparer au bac — Indiquer la ou les solutions juridiques possibles

Pour cette application, vous pouvez vous aider de la fiche méthode 4.

1. Expliquez en quoi l'article de *Paris Match* porte atteinte à la vie privée de Manuel Valls et de sa compagne.
2. Expliquez en quoi l'article de *Paris Match* porte atteinte à l'image de Manuel Valls et de sa compagne.
3. Que peuvent demander en justice Manuel Valls et sa compagne ?
4. Expliquez pourquoi le juge pourrait ne pas sanctionner ces atteintes aux droits de Manuel Valls et de sa compagne.

DOC. Photos volées : Manuel Valls demande la condamnation de *Paris Match*

Le 30 août [2018], *Paris Match* faisait sa une avec une photo de Manuel Valls et de sa nouvelle compagne, la femme d'affaires catalane Susana Gallardo. Vendredi 2 novembre, l'ancien Premier ministre a décidé de contre-attaquer. Il a saisi en référé (procédure d'urgence) la justice, et a demandé la condamnation du magazine. […] Sa compagne a elle aussi décidé de porter plainte pour « atteinte à la vie privée ». […]
Selon l'avocate de *Paris Match*, Marie-Christine de Percin, ces demandes sont « *exorbitantes* » : « *Le lien est totalement évident entre cette histoire sentimentale et l'ambition politique de Manuel Valls à la mairie de Barcelone* », a-t-elle déclaré. « *Ces photographies sont utiles car nous sommes dans un contexte particulier, où il y a un suspense sur la candidature de Manuel Valls. S'il commence une relation avec une femme puissante espagnole, c'est un marqueur. Manifestement, il va quitter la France et s'installer à Barcelone.* » À la justice maintenant, de trancher.

J. San Martin, www.non-stop-people.com, 02/11/2018

Synthèse

Les droits extrapatrimoniaux

Les types de droits extrapatrimoniaux

Attachés à la personne et non évaluables de manière pécuniaire

- Droits civiques et politiques
- Droits relatifs à la vie familiale
- Droits de la vie professionnelle
- Droits de la personnalité

Les règles applicables
- Droits inaliénables
- Droits intransmissibles
- Droits insaisissables
- Droits imprescriptibles

Deux droits de la personnalité

- **Respect de la vie privée**
  Droit de s'opposer à la divulgation d'informations relevant de la vie intime
- **Droit à l'image**
  Droit de s'opposer à l'utilisation et l'exploitation, par un tiers, de son image sans autorisation

Les sanctions
- **Sanctions civiles** (dommages-intérêts, saisie…)
- **Sanctions pénales** (emprisonnement, amendes)

La protection des données à caractère personnel

Données permettant d'identifier numériquement une personne

- **Protection contre l'utilisation des données**
  dans un but publicitaire, frauduleux ou politique
- **Protection par le Règlement général sur la protection des données**
  Loi européenne qui améliore le contrôle des internautes sur leurs données (consentement, accès aux données…)
- **Protection en France par la Commission Nationale de l'informatique et des libertés**
  Organe indépendant avec pouvoir de sanctions

Rédigez votre synthèse personnelle à l'aide des mots-clés suivants :

- Droits extrapatrimoniaux
- Droits de la personnalité
- Droit au respect de la vie privée
- Droit à l'image
- Droit à l'information
- Dommages-intérêts
- Sanction pénale
- Données à caractère personnel
- Règlement général sur la protection des données
- Commission nationale de l'information et des libertés

Le droit de propriété sur les biens corporels

9

Capacités

- Identifier les attributs du droit de propriété
- Identifier les caractères du droit de propriété
- Qualifier un trouble anormal du voisinage

Avant la classe

Nathan live!

Vidéo : Témoignage d'une cliente devenue propriétaire – Groupe CIF Nantes
youtu.be/1rSTxwhhqxk

Quelles raisons peuvent motiver l'achat d'un bien immobilier ?

Situation

DES HISTOIRES DE PROPRIÉTAIRES VITICOLES

Propriété viticole à vendre à Gaillac (81600) à 60 km de Toulouse – Domaine de 24 ha dont 10 ha de vignes en AOP Gaillac – 750 000 €

Descriptif de l'habitation

La maison offre une surface habitable de 205 m² avec 4 chambres au 1er étage et 100 m² de grenier aménageable. Hauteurs sous plafond, tomettes, terre cuite et parquet d'origine. Chauffage au bois et électrique.

Information d'affichage énergétique sur ce bien : DPE C indice 143 et GES E indice 43

Descriptif de l'exploitation viticole

L'exploitation se compose de 2 chais de 64 et 220 m² équipés en cuve béton, inox et fibre pour une capacité totale de 890 hl.

1 Identifier les attributs du droit de propriété

DOC. 1 Les trois attributs du droit de propriété

Code civil – Art. 544 : La propriété est le droit de jouir et disposer des choses de la manière la plus absolue pourvu qu'on n'en fasse pas un usage prohibé par les lois ou par les règlements.

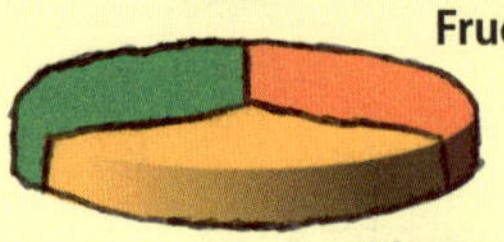

Trois attributs = trois types de prérogatives	– L'*usus* : le droit de se servir de la chose. – Le *fructus* : le droit d'en recueillir les fruits. – L'*abusus* : le droit de disposer de la chose.

Les différentes manifestations de l'*usus*, du *fructus* et de l'*abusus*

1. L'*usus* : se servir d'une chose, c'est choisir l'usage qu'on en fait, pour soi-même ou pour autrui, que cet usage soit utile, rentable ou qu'au contraire il ne soit pas profitable à la chose.
2. Le *fructus* : faire fructifier et disposer des fruits provenant de la chose : fruits *naturels* provenant de la chose sans l'intervention de l'homme (fruits des arbres), fruits *industriels* obtenus de la chose grâce au travail de l'homme (récoltes) ou fruits civils, constitués par les revenus tirés de la chose (loyers).
3. L'*abusus* : droit de disposer juridiquement de la chose : la vendre, la donner ; droit aussi d'en disposer matériellement : l'aménager, la modifier, voire la détruire.

DOC. 2 La saison des vendanges a commencé dans le Gaillacois

Les premiers rayons du soleil pointent à peine au-dessus des coteaux. Il est 5 heures du matin quand Olivier David, viticulteur, démarre sa machine. Pendant plusieurs jours, il va vendanger les 140 hectares de son domaine. D'abord les blancs secs, les premiers à être à maturité.

Olivier et sa sœur Caroline sont la 7e génération de viticulteurs. Leur domaine a été fondé en 1860. […] Cette année, les grains sont dorés, les fruits gorgés de sucre. Le millésime 2018 s'annonce de qualité puisque les vignes ont bénéficié d'une météo excellente. Le vignoble a été épargné par les orages et la grêle. Dans ce vignoble, les vendanges sont réalisées uniquement à la machine. Les viticulteurs commencent d'abord par les blancs secs, puis les rouges et enfin les blancs sucrés.

J. V., « La saison des vendanges a commencé dans le Gaillacois », france3-regions.francetvinfo.fr, 04/09/2018

DOC. 3 L'usufruit et la nue-propriété

[Le] droit de propriété peut faire l'objet d'un démembrement, en séparant l'usufruit de la nue-propriété. Au terme de cette opération [dite « en viager »], il y a donc un **usufruitier** et un **nu-propriétaire**, chacun ayant des droits et des obligations différents sur le bien immobilier démembré.

Celui qui donne [ou vend] la nue-propriété d'un logement s'en réserve, la plupart du temps, l'usufruit sa vie durant. […] Le donateur [ou le vendeur] […] peut ainsi garder l'usage du logement pour y vivre ou le louer afin d'en percevoir des revenus. C'est un gage de sécurité pour lui. Cela permet véritablement d'anticiper et de transmettre son patrimoine de son vivant, sans pour autant se démunir.

R. Rainfray et N. Giraud, « Les avantages de la donation de la nue-propriété », www.pap.fr, 18/06/2018

Situation La société Vignobles K de l'homme d'affaires chinois Peter Kwok a annoncé jeudi l'acquisition d'une septième propriété viticole dans le Bordelais avec le Château Bellefont-Belcier, grand cru classé de Saint-Émilion, une nouvelle illustration de l'offensive chinoise dans le secteur du vin en France. La transaction concernant la propriété de 13,5 hectares située dans l'ouest de Saint-Émilion a été signée dans les derniers jours de 2017. [...] Peter Kwok, homme d'affaires chinois de Hong-Kong né au Vietnam, a été le premier investisseur chinois à acheter un domaine viticole dans sa totalité en 1997 avec le Château Haut-Brisson.

C. Canellas et Y. Clarisse, « Un nouveau grand cru classé de Bordeaux acheté par un Chinois », www.usinenouvelle.com, 04/01/2018

1 Quel est l'attribut du droit de propriété qui a été mis en œuvre par le vendeur de la propriété viticole ? Doc. 1

2 Quels attributs du droit de propriété l'acheteur chinois pourra-t-il exercer sur sa propriété viticole ? Illustrez par des exemples. Doc. 1

Usus : Dupo la propriété, l'activité

Abusus : revendre sa propriété

Fructus : recueillir les fruits, vendre le vin de sa propriéter

3 Quel type de fruits un viticulteur exploite-t-il ? Justifiez votre réponse. Doc. 1 et Doc. 2

Raisin industriel car cela necessite le travail de l'Homme

4 Comment le domaine d'Olivier David et de sa sœur est-il devenu leur propriété ? Quel attribut de la propriété a été mis en œuvre par leurs parents ? Doc. 1 et Doc. 2

Ils ont hérité ou reçu en donation le domaine

Situation **Opportunité d'acquisition d'une propriété en viager idéalement positionnée**

« Cette propriété est située sur un point dominant à environ 30 minutes de Saint-Émilion et de Bergerac. La surface de cette demeure de charme début XIXe est de 450 m² habitable sur 33 hectares d'un seul tenant répartis en prés et terres, bois et 17 hectares de vignes. Des dépendances et autres bâtiments de production complètent le bâti. [...] » Prix du viager : nous consulter.

saint-emilion-immobilier.net

5 Par quelle opération juridique l'acquéreur et le vendeur de cette propriété viticole se partageront-ils la propriété du bien ? Doc. 3

6 Le nu-propriétaire d'un bien peut-il le donner en location ? Et l'usufruitier ? Justifiez vos réponses. Doc. 3

Il ne peut pas mettre son bien en location car il n'en a ni l'usage

Allez plus loin ! STMG_CH09_plus_loin_partie1.pdf

2 Identifier les caractères du droit de propriété

DOC. 4 Le caractère absolu du droit de propriété

LE SENS DES MOTS	LA LIMITE AU CARACTÈRE ABSOLU
• Le droit de propriété est le droit le plus parfait qu'on puisse exercer sur une chose (« *le droit de jouir et disposer des choses de la manière* ***la plus absolue*** »). La formule du Code civil montre que les pouvoirs du propriétaire ne sont pas limités. • La jurisprudence précise que ce droit est **opposable à tous**, ce qui signifie que tous doivent le respecter.	**Ex. : les limitations légales et réglementaires** Les prescriptions d'urbanisme jouent évidemment un rôle central. Tout propriétaire d'immeuble est tributaire des contraintes d'urbanisme auxquelles son bien est soumis. Il ne peut en user que dans le respect de la destination du fonds. Le contrôle de la conformité de ses projets et réalisations aux règles générales, dictées par des considérations de sécurité, d'hygiène, de construction, d'esthétique, et aux prescriptions d'urbanisme, est assuré *a priori* par le permis de construire et *a posteriori* par les certificats de conformité.  « Les limitations à l'exercice du droit de propriété », www.courdecassation.fr

DOC. 5 Le caractère exclusif du droit de propriété

LE SENS DES MOTS	LA LIMITE AU CARACTÈRE EXCLUSIF
• Un bien n'a qu'un propriétaire • Le propriétaire cumule à lui seul tous les pouvoirs issus de l'*usus*, du *fructus* et de l'*abusus*.	**Ex. : la propriété partagée, copropriété ou indivision** • La copropriété : un bien déterminé (meuble ou immeuble) peut appartenir à deux ou plusieurs personnes (par exemple les « parties communes » d'immeubles d'habitation). • L'indivision : un bien appartient en même temps – mais provisoirement en principe – à plusieurs personnes (par exemple à des cohéritiers). Chaque indivisaire (propriétaire en indivision) peut demander à « *sortir de l'indivision* » et imposer le partage du bien.

DOC. 6 Le caractère perpétuel du droit de propriété

LE SENS DES MOTS	LA LIMITE AU CARACTÈRE PERPÉTUEL
• La propriété ne disparaît pas, même en cas de non-usage de la chose. • Ce droit se transmet par succession aux héritiers du propriétaire.	**Ex. : la disparition imposée du droit de propriété** L'expropriation est prévue par la loi : selon l'article 545 du Code civil, « Nul ne peut être contraint de céder sa propriété, si ce n'est pour cause d'utilité publique, et moyennant une juste et préalable indemnité ». Cette privation du droit de propriété peut être justifiée par la construction d'un pont, d'une route ou par le danger représenté par un immeuble menaçant ruine, etc. 

Situation Avant de construire un nouveau chai sur son domaine, ou tout autre bâtiment, le propriétaire viticole doit impérativement déposer une demande auprès de l'administration :

• CERFA n° 13406*06 – Demande de permis de construire pour une maison individuelle et/ou ses annexes comprenant ou non des démolitions (à télécharger sur Internet)

7 Quelle est la contrainte pesant sur tout propriétaire désirant construire sur son terrain ? Doc. 4

Il faut obtenir un permis de construire

8 Comment se justifie cette atteinte au caractère absolu du droit de propriété ? Doc. 4

Chaque proprio doit respecter des normes de sécu et d'esthétique et toute nouvelle construction doit respecter l'environnement

Situation Si vous disposez du capital et du temps nécessaires, et surtout du savoir-faire viticole pour suivre activement la gestion d'un domaine, il est envisageable d'acquérir un vignoble en pleine propriété. Il vous en coûtera à peu près 2 millions d'euros pour quinze hectares. Si vous ne remplissez pas ces conditions, il est conseillé d'emprunter la voie, moins onéreuse, du groupement foncier viticole (GFV). [...] Les GFV sont des sociétés civiles qui réunissent [...] des personnes physiques, et dont l'objet est d'acquérir et de gérer des parcelles vinicoles. L'investisseur [...] a le statut de copropriétaire des vignes. [...]

G. Blandin, « Vignobles : investir avec succès dans l'or rouge », www.lerevenu.com, 09/01/2017

9 Quel point commun et quelle différence y a-t-il entre acheter un vignoble en pleine propriété et acquérir des parts de GFV ? Doc. 5

l'acheteur en pleine propriété est seul à détenir les prérogatives du droits de propriété alors que le second le partage avec d'autre

10 Par quelle opération la copropriété peut-elle se transformer en propriété ? Doc. 5

Si 1 des propriétaire achète les drots des autres co-propriétre

11 Qu'advient-il d'une exploitation viticole au décès de son propriétaire ? En quoi cela illustre-t-il le caractère perpétuel du droit de propriété ? Doc. 6

Situation Avec Mme la députée Fanny Dombre-Coste et plusieurs maires, Jérôme Despey, président de la Chambre d'agriculture de l'Hérault, a constaté les dégâts du domaine Le Clos de Bellevue dont le propriétaire Nicolas Charrière fait l'objet d'une procédure d'expropriation dans le cadre des travaux de la ligne [ferroviaire] de contournement Nîmes-Montpellier.

« Jérôme Despey aux côtés du vigneron exproprié », www.mon-viti.com, 09/02/2015

12 Qu'est-ce qui peut justifier l'expropriation d'un propriétaire viticole ? Doc. 6

L'expropiation ne peut se faire

13 Quelle règle de droit atténue l'apparente injustice d'une expropriation ? Doc. 6

La loi prévoit le principe de l'indémnisation

Allez plus loin ! STMG_CH09_plus_loin_partie2.pdf

3 Qualifier un trouble anormal du voisinage

DOC. 7 Les rapports du propriétaire avec ses voisins

Les bons rapports entre voisins imposent à chacun d'être attentif à l'usage qu'il fait de son droit de propriété, afin d'éviter de faire subir un dommage à autrui. Le cas échéant, l'auteur du trouble est obligé de le faire cesser. Il peut même être amené à verser des dommages et intérêts à sa victime. Cependant, il faut distinguer deux situations, selon que l'origine du trouble causé au voisin se trouve dans un comportement volontaire ou dans un agissement involontairement nuisible.

L'abus de droit	L'inconvénient anormal du voisinage
Il y a abus de droit lorsque le propriétaire cause un dommage en agissant avec l'intention de nuire ; son comportement est alors dépourvu d'intérêt légitime et sérieux. Par exemple, celui qui édifie une fausse cheminée sur son toit pour priver de soleil son voisin abuse de son droit de propriété.	Il y a inconvénient anormal de voisinage quand un dommage est causé par un propriétaire sans intention de nuire (avec inconscience ou négligence parfois) ; on constate cependant que les nuisances dépassent les inconvénients habituellement supportables selon une appréciation coutumière. Par exemple, des odeurs, des bruits ou encore des pollutions peuvent constituer des inconvénients anormaux.

DOC. 8 Un exemple d'inconvénient anormal du voisinage

La perte d'ensoleillement suite à une construction constitue-t-elle un trouble anormal du voisinage justifiant sa démolition ? […] La définition de la notion de trouble de voisinage ne figure pas dans le Code civil, et se trouve être une création jurisprudentielle. […]

Ainsi, le droit de propriété est limité par l'obligation qu'a tout propriétaire de ne causer à son voisin **aucun trouble excédant les inconvénients normaux du voisinage.** […]

En l'espèce, Madame X et Madame Y sont voisines et propriétaires chacune d'une parcelle sur laquelle est édifiée leur maison. Madame Y a déposé un permis de construire pour construire une extension à l'arrière de son pavillon en limite de propriété avec le fond voisin.

Or, cette construction entraînait une perte d'ensoleillement et de luminosité sur le terrain de Madame X, qui ne pouvait plus bronzer tranquillement. […] L'expert judiciaire a confirmé la perte de luminosité du début d'après-midi jusqu'au soir et estimé qu'elle atteignait 70 %.

Le juge a considéré que le trouble anormal du voisinage était constitué et condamné Madame Y **à la démolition de la construction litigieuse**. L'argument de Madame Y, selon lequel le permis de construire excluait l'existence d'un trouble de voisinage, n'a donc pas été retenu.

A. Bem, www.juritravail.com, 05/03/2018

DOC. 9 Un exemple historique d'abus de droit

Pour comprendre ce qu'est l'abus de propriété, on se réfère souvent à l'affaire Clément-Bayard de 1915 qui est une intéressante illustration de l'abus de droit. […] Un homme avait acheté un terrain encerclé par une zone destinée à l'usage de dirigeables ; l'homme, pour se venger de ses voisins, avait érigé dans son propre terrain des pics très haut juste devant la piste des dirigeables. Si cet homme avait effectivement le droit d'ériger ce qu'il voulait sur sa propriété, il y avait [ici] une intention de nuire, et donc un abus du droit de propriété.

« Limites au droit de propriété », www.lemondepolitique.fr

Situation

L'article L112-16 du Code de la construction et de l'habitation vise à régler les troubles de voisinage entre un particulier et un acteur professionnel. [...] Il fixe des limites toutefois : l'agriculteur doit être en conformité avec les dispositions réglementaires ou législatives en vigueur et doit poursuivre son activité dans les mêmes conditions pour ne pas aggraver les nuisances. Un exemple : le fait qu'une parcelle de vigne conduite en bio soit vendue et désormais conduite en conventionnel par le nouvel acquéreur peut être considéré comme une aggravation de la nuisance.

« Troubles du voisinage : prévenir plutôt que guérir », propos de F. Coutant, notaire à Saint-Emilion, recueillis par C. Galbrun, www.reussir.fr

Selon les premières tendances émanant de l'Observatoire régional de la bio en Occitanie, la viticulture connaît une accélération des dé-conversions sur le premier semestre 2018.

M. Sepeau-Ivaldi, « Accélération de l'abandon de la viticulture bio en 2018 », www.vitisphere.com

14 Est-il juridiquement exact qu'un propriétaire peut user de sa propriété comme bon lui semble ? Justifiez votre réponse. Doc. 7

Non, la limite est dans le respect des voisins c'est la condition d'une vie social harmonieuse

15 Quel attribut et quel caractère du droit de propriété trouvent leur limite dans la notion de trouble anormal du voisinage ? Doc. 7

Usus

16 Qu'est-ce qui différencie les deux types de troubles anormaux du voisinage ? Qu'est-ce qui les rapproche ? Doc. 7

abus de droit = volontairement nuisible
alorque l'inconvénient anormal du voisinage [illegible]

17 Sur quel fondement juridique le voisin d'une exploitation bio « dé-convertie » en viticulture classique pourrait-il agir en justice ? Doc. 7 et Doc. 8

Le voisin de l'exploitation bio « dé-convertie » peut faire état de nuisance ~~excpa~~ excessive

18 Cette action aurait-elle des chances d'aboutir selon vous ? Justifiez. Doc. 8

Le point à considérer : le juge dira si oui ou non les apports sur un terrain agricole non-bio cause des nuisance – construit

19 Quelle serait la sanction si le procès était gagné par le voisin du viticulteur ? Doc. 7 et Doc. 8

La sanction est des dommages et intérêt

20 Pourquoi ne serait-on pas en présence d'un abus du droit de propriété ? Doc. 7 et doc. 9

Choisir de revenir [illegible] ne relève pas de l'intention

21 Cherchez un exemple d'abus du droit de propriété dans le monde rural. Argumentez. Doc. 9

Allez plus loin ! STMG_CH09_plus_loin_partie3.pdf

Applications

1 Tester vos connaissances

Répondez par vrai ou par faux aux propositions suivantes.

1. L'*usus* est, pour le propriétaire, le droit de faire fructifier la chose.
   ☐ Vrai ☐ Faux
2. Les fruits industriels désignent les loyers.
   ☐ Vrai ☐ Faux
3. C'est en vertu de l'*abusus* qu'un propriétaire peut détruire un bien qui lui appartient.
   ☐ Vrai ☐ Faux
4. Le caractère absolu du droit de propriété signifie qu'il est opposable à tous.
   ☐ Vrai ☐ Faux
5. Le caractère perpétuel de la propriété signifie que ce droit ne s'éteint pas par non-usage.
   ☐ Vrai ☐ Faux
6. Personne ne peut jamais être privé de son droit de propriété par une décision administrative.
   ☐ Vrai ☐ Faux
7. La copropriété peut s'appliquer aussi bien à des immeubles qu'à des meubles.
   ☐ Vrai ☐ Faux
8. Nul ne peut être contraint de demeurer en indivision et chaque indivisaire peut demander le partage.
   ☐ Vrai ☐ Faux
9. L'abus du droit de propriété consiste en des violations des règles d'urbanisme qui gênent les voisins.
   ☐ Vrai ☐ Faux
10. Les troubles de voisinage ne sont sanctionnés que s'ils dépassent les inconvénients normaux de la vie en société.
    ☐ Vrai ☐ Faux

2 Distinguer les attributs de la propriété

Pour chacune des situations ci-après, dites si elles relèvent de l'*usus*, du *fructus* ou de l'*abusus* de la propriété.

1. Le don de vêtements à une association caritative.
2. La mise à la décharge de vieux meubles.
3. L'habitation occasionnelle d'une maison de campagne.
4. L'installation d'amis en vacances dans une dépendance de la propriété.
5. La perception des loyers d'un local commercial.
6. L'attribution d'un tableau à un parent par testament.
7. La récolte des fruits du verger.
8. La consommation des fruits cueillis dans le verger.
9. L'abandon d'un loyer pour aider un locataire en difficulté.
10. La mise en sommeil de l'exploitation d'un champ (la mise en jachère).

3 Apprécier la portée de la défense du droit de propriété

★★

Un propriétaire se plaignait en justice de ce que son voisin avait construit des piliers de portail dont les chapiteaux empiétaient en surplomb sur sa propriété, ce qui en vérité constituait un préjudice minime. Les premiers juges avaient considéré que c'était donc en abusant de son droit de propriété que ce propriétaire avait agi en justice et ont rejeté sa demande.

La Cour de cassation, avec sa rigueur habituelle en la matière, juge que cela n'était pas concevable et que la défense du droit de propriété « *ne saurait dégénérer en abus* ». Ceci même si l'empiétement est minime. En pratique, cela signifie que la défense du droit de propriété reste un droit essentiel.

Christophe Buffet, « La défense du droit de propriété et l'abus de droit », www.acr-avocats.com

1. Qualifiez les faits à l'origine du litige.
2. Pourquoi les juges du fond ont-ils considéré que l'action en justice constituait ici un abus du droit de propriété ?
3. Quel est le sens de l'arrêt de la Cour de cassation ?
4. Dans quelle mesure cette décision permet-elle de faire la différence entre le caractère absolu du droit de propriété quand il est défendu par son titulaire et l'abus de droit possible quand le droit de propriété est exercé par son titulaire ?

1. La situation est clairement énoncée dans l'article 682 du code civil : elle concerne le propriétaire dont le terrain est enclavé c'est à dire qu'il n'a aucun accès à la voix public

DOC. Décision de la Cour de cassation – Arrêt du 10 novembre 2016 (extrait)

Vu **l'article 545 du Code civil** ;
Attendu que nul ne peut être contraint de céder sa propriété, si ce n'est pour cause d'utilité publique, et moyennant une juste et préalable indemnité ;
Attendu, selon l'arrêt attaqué [Nîmes, 11 mai 2010], que Mme X... a assigné les époux Y..., propriétaires de fonds contigus [terrains voisins], aux fins d'obtenir la démolition des chapiteaux des piliers du portail réalisant un empiétement en surplomb sur sa propriété ;
Attendu que pour débouter Mme X... de sa demande [rejeter sa demande], l'arrêt retient que l'empiétement porte sur un surplomb minime et dépourvu de toute conséquence et que la demande relève de la seule intention de nuire, caractéristique d'un **abus de droit** ;
Qu'en statuant ainsi, alors que **la défense du droit de propriété contre un empiétement ne saurait dégénérer en abus**, la cour d'appel a violé le texte susvisé ; [...]
PAR CES MOTIFS : CASSE ET ANNULE [...].

2. L'enclavement d'une propriété lui fait perdre toute ... à l'inverse le droit de passage ne constitue qu'une gêne relative pour le voisin

4 Justifier une atteinte au caractère absolu du droit de propriété

★

1. Dans quelle situation un propriétaire peut-il imposer à un de ses voisins de lui accorder un droit de passage ?
2. Comment se justifie l'atteinte au droit du propriétaire contraint d'accorder cette servitude ?
3. Dans quelle mesure cette règle est-elle aussi une affirmation du caractère absolu de la propriété ?

DOC. Articles du Code civil

Article 682 – Le propriétaire dont les fonds [terrains] sont enclavés et qui n'a sur la voie publique aucune issue, ou qu'une issue insuffisante, soit pour l'exploitation agricole, industrielle ou commerciale de sa propriété, soit pour la réalisation d'opérations de construction ou de lotissement, est fondé à réclamer sur les fonds de ses voisins un passage suffisant pour assurer la desserte complète de ses fonds, à charge d'une indemnité proportionnée au dommage qu'il peut occasionner.
Article 683 – Le passage doit régulièrement être pris du côté où le trajet est le plus court du fonds enclavé à la voie publique. Néanmoins, il doit être fixé dans l'endroit le moins dommageable à celui sur le fonds duquel il est accordé.

Un terrain enclaver ne permet pas à son propriétaire de jouir et disposer de son bien de la manière la plus absolue" en lui donnant les moyens juridique de se désenclaver la lois rétabli son droit dans toutes ses dimensions

5 Distinguer les obligations de l'usufruitier et celles du nu-propriétaire

★

Le fils de M. et Mme X... occupe un appartement dont ses parents sont nus-propriétaires. Il y a dix ans, il a reçu en donation l'usufruit de ce logement lorsque ses parents se sont retirés à la campagne pour y vivre leur retraite. Aujourd'hui, l'occupant de l'appartement est confronté à quelques ennuis : la chaudière du chauffage, vieille de vingt ans, est tombée en panne... et c'est définitif. Il faut dire que l'usufruitier n'a jamais assuré l'entretien de la machine. Devant l'importance de la dépense à engager, les nus-propriétaires et l'usufruitier se demandent qui doit payer.

1. Citez deux situations donnant naissance à l'usufruit d'un bien.
2. Pourquoi dit-on que l'usufruit permet « *de transmettre en douceur son patrimoine* » ?
3. Comment les charges d'un immeuble en usufruit sont-elles réparties entre l'usufruitier et le nu-propriétaire ?
4. Qui devra payer le remplacement de la chaudière ?
5. Donnez des exemples de dépenses d'entretien et de grosses réparations.

DOC. Usufruitier ou nu-propriétaire : qui paie quoi ?

Chaudière à changer, ascenseur à réparer… La loi fixe la répartition des petites et grosses dépenses entre l'usufruitier et le nu-propriétaire. État des lieux. […]

Le plus souvent, les parents sont usufruitiers, ils occupent ou louent l'appartement, et le ou les enfants nus-propriétaires. Ils ne deviennent pleinement propriétaires qu'au décès de l'usufruitier. Cette solution permet de transmettre en douceur son patrimoine, mais elle peut tourner au vinaigre si l'entente familiale se dégrade. Cette propriété partagée exige donc de bien savoir qui paie quoi.

Entretien courant

Le porte-monnaie de l'usufruitier est souvent sollicité, puisque tous les travaux d'entretien et de conservation sont à sa charge, c'est ce qu'indique l'article 605 du Code civil : « L'usufruitier n'est tenu qu'aux réparations d'entretien… » Cela comprend aussi bien les travaux de peinture intérieure et extérieure, le ravalement, le remplacement d'une partie de la toiture, l'entretien, les réparations telles que le changement de la plomberie, de l'électricité, du chauffage, de l'ascenseur et des huisseries. […]

Travaux

L'article 605 du Code civil prévoit que « les grosses réparations demeurent à la charge du propriétaire, à moins qu'elles n'aient été occasionnées par le défaut de réparations d'entretien, depuis l'ouverture de l'usufruit, auquel cas l'usufruitier en est aussi tenu ».

L'article 606 précise : « Les grosses réparations sont celles des gros murs et des voûtes, le rétablissement des poutres et des couvertures entières. Celui des digues et des murs de soutènement et de clôture aussi en entier. » « *Cette liste est limitative*, souligne Nathalie Couzigou-Suhas, notaire à Paris. *Tout ce qui n'est pas détaillé dans cet article relève de l'entretien et revient donc à l'usufruitier.* »

M. Simon, « Usufruitier ou nu-propriétaire », www.lerevenu.com, 05/05/2018

6 Comprendre les limites de la notion d'inconvénients anormaux du voisinage

★★

1. Qualifiez les faits et les parties concernées par le litige.
2. Quel est le sens de l'arrêt de la cour d'appel rappelé par la Cour de cassation ?
3. Quels sont les éléments de fait qui ont été déterminants dans cette décision ?
4. Quel est le sens de l'arrêt de la Cour de cassation ?

DOC. Arrêt de la Cour de cassation du 18 novembre 2014 (extrait)

Attendu qu'ayant constaté que la construction de Mme X… était d'une hauteur inférieure de trois mètres à celle autorisée par les prescriptions réglementaires, qu'elle n'obstruait que partiellement la vue de M. Y…, dont le fonds ne bénéficiait pas d'une servitude de vue [droit de s'opposer à toute surélévation des immeubles voisins qui pourrait gâcher la vue], que la présence d'une construction en contrebas était fréquente à La Réunion où l'habitat se densifie, en particulier dans la commune concernée, et que toutes les parcelles alentour étaient construites ou constructibles et retenu qu'il n'était pas démontré que la réverbération causée par le toit de la construction de Mme X… soit la cause d'un trouble, la cour d'appel a souverainement déduit de ces seuls motifs que M. Y… ne subissait pas de trouble anormal de voisinage […].

7 Se préparer au bac — Identifier la ou les règles applicables, indiquer la ou les solutions possibles et rédiger la réponse

Pour cette application, vous pouvez vous aider de la fiche méthode 3 et de la fiche méthode 4.

1. Dans le litige évoqué au doc. 1, qualifiez la situation au plan juridique : déterminez les faits et les parties en présence.
2. Identifiez les deux solutions juridiques opposées qui s'offraient aux juges du fond pour trancher ce litige. Justifiez chacune d'elles.
3. Indiquez la solution juridique retenue par la cour d'appel.
4. Rédigez en quelques lignes la réponse apportée par les juges à la demande de Mme X…

DOC. 1 La réponse des juges

Mme X… est propriétaire d'un terrain voisin de celui des époux Y… dont il est séparé par une haie de bambous et thuyas implantée sur le terrain de Y… ; Mme X…, se plaignant de divers dommages causés à son immeuble du fait du défaut d'entretien de leur haie par les époux Y…, a assigné ses voisins pour obtenir l'arrachage de la haie litigieuse, le remplacement de la clôture existante, la remise en état du terrain, la réfection de murs de sa maison et l'indemnisation.

Les juges du fond ont constaté qu'en refusant aux époux Y… d'accéder à sa propriété pour l'entretien de la haie, Mme X… avait commis une faute en partie à l'origine de son préjudice. La cour d'appel a ainsi caractérisé de la part de Mme X… un abus de son droit de propriété. Cet abus de droit exclut l'existence du trouble anormal de voisinage invoqué par Mme X…

Pour les juges, la responsabilité du dommage subi par Mme X… doit être partagée.

D'après un arrêt de la Cour de cassation du 14/01/2016

DOC. 2 La servitude du tour d'échelle

Il s'agit d'une servitude temporaire (le temps des travaux) qui a un objet précis (pénétrer sur le fonds voisin et y installer des échafaudages pour réaliser ces travaux). […] Un propriétaire qui refuserait à son voisin l'accès à son terrain pour réaliser des travaux commettrait un abus de droit et pourrait être sanctionné par des dommages et intérêts et par l'obligation d'autoriser son voisin à passer sur sa propriété. Par conséquent, à ce jour, à défaut d'avoir prévu une servitude du tour d'échelle dans son acte d'achat, tout ne sera pas perdu pour le propriétaire riverain qui doit faire des travaux. Son voisin ne pourra pas lui refuser d'accéder chez lui au risque d'être considéré comme responsable d'un abus de droit.

M.-C. Ménoire, www.magazine-des-notaires.com, 20/03/2017

Le droit de propriété sur les biens corporels

Les attributs complémentaires du droit de propriété

- *Usus* → Droit de se servir de la chose
- *Fructus* → Droit de profiter des fruits de la chose
- *Abusus* → Droit de disposer de la chose

Les caractères spécifiques du droit de propriété

- Droit **absolu**
  - Des prérogatives sans limites
  - Sauf le respect des limites légales
- Droit **exclusif**
  - Une seule personne est propriétaire
  - Sauf les cas de copropriété ou d'indivision
- Droit **perpétuel**
  - Non limité à la vie du propriétaire
  - Sauf expropriation par l'Administration

Une limite : le trouble anormal de voisinage

- **L'abus du droit de propriété**
  Intention de nuire
- **Les inconvénients anormaux du voisinage**
  Pas d'intention de nuire

→ Trouble anormal subi par le voisin, du fait de l'exercice de la propriété

Rédigez votre synthèse personnelle à l'aide des mots-clés suivants :

- Droit de propriété
- Attributs du droit de propriété
- *Usus*
- *Fructus*
- *Abusus*
- Caractère absolu du droit de propriété
- Caractère exclusif du droit de propriété
- Copropriété, indivision
- Caractère perpétuel du droit de propriété
- Expropriation
- Trouble anormal du voisinage
- Abus du droit de propriété
- Inconvénients anormaux du voisinage

Le droit de propriété sur les biens incorporels

10

Capacités

- Distinguer les biens corporels et les biens incorporels
- Identifier les composantes du droit d'auteur
- Connaître les enjeux de la protection juridique de la marque commerciale
- Identifier les conséquences de l'utilisation non autorisée d'une marque commerciale déposée

Avant la classe

Nathan live!

Vidéo : Plagiat ? 5 chansons épinglées par la justice – *L'Obs*
youtu.be/6bBPCNXJVNo

▸ **La lutte contre le plagiat vous paraît-elle nécessaire ?**

Situation

Lock Out, un film très inspiré…

Luc Besson est un réalisateur, producteur et scénariste français qui compte de nombreux films dans son palmarès : *Le Grand Bleu*, *Le Cinquième Élément*, *Lucy*… En 2012, Luc Besson et sa société de production EuropaCorp ont sorti un nouveau film de science-fiction, *Lock Out* : un homme condamné doit sauver la fille du président des États-Unis retenue prisonnière dans une prison spatiale… Ce film a été réalisé par James Mather et Stephen St Leger, en collaboration avec Luc Besson, qui a écrit le scénario avec les deux réalisateurs.

L'importance de la marque dans l'industrie du luxe

Fondée en 1854, Louis Vuitton est une maison française de maroquinerie de luxe fabriquant historiquement des malles. La marque au monogramme appartient au groupe de luxe LVMH (Louis Vuitton Moët & Hennessy). Son siège social est situé à Paris. La multinationale est dirigée par Michael Burke et ses produits [prêt-à-porter femme] sont conçus par le directeur artistique Nicolas Ghesquière.

« Louis Vuitton et le marketing », www.marketing-etudiant.fr

1 Identifier les biens incorporels

DOC. 1 Les biens incorporels

On a souvent à l'idée que la richesse est constituée de biens corporels, c'est-à-dire de biens qui ont une existence physique : une voiture, un bijou, une villa… Mais le patrimoine d'une personne comporte aussi des biens incorporels : la créance de remboursement d'une banque contre un emprunteur, la clientèle d'une entreprise, une invention technique, une création intellectuelle…
Même s'ils n'ont pas de consistance matérielle, ces biens ont une valeur pécuniaire. Le bien incorporel ne se confond pas avec son support matériel : un film se distingue du DVD ou du disque Blu-ray qui le contient.

DOC. 2 La propriété intellectuelle

La propriété intellectuelle a pour objet de reconnaître des droits sur les créations de l'esprit. On distingue deux branches : la propriété industrielle et la propriété littéraire et artistique.

Propriété industrielle

Protection des innovations techniques par des **brevets d'invention.** L'inventeur pourra seul exploiter son invention.	Protection des innovations esthétiques par les **dessins et modèles** : représentation graphique (*design*) d'un produit.	Protection des signes distinctifs d'une entreprise par l'obtention d'une **marque.**
		Carrefour

Propriété littéraire et artistique

La propriété littéraire et artistique protège les auteurs d'œuvres littéraires, artistiques, musicales, cinématographiques en leur reconnaissant un **droit d'auteur** sur leur création.

DOC. 3 L'intérêt de la protection de la propriété intellectuelle

Les biens incorporels nécessitent une protection particulière par le droit. En effet, à l'ère du numérique, ces biens peuvent circuler sans entrave, au détriment de la propriété des personnes qui les ont créés : streaming et téléchargements illégaux remettent en cause par exemple les droits du créateur sur son œuvre. De même, les copies illicites d'une marque célèbre nuisent à la notoriété de l'entreprise titulaire de cette marque.
La protection des créations intellectuelles est donc nécessaire pour que le créateur puisse obtenir un retour sur les investissements qu'il a réalisés : le droit lui reconnaît le droit exclusif d'exploiter sa création. La reconnaissance d'une protection stimule l'innovation et permet aux inventeurs et aux artistes d'obtenir des financements, puisqu'ils sont garantis de tirer profit de leurs créations.

Situation Luc Besson est un réalisateur et producteur prolifique de films, dont certains ont été des succès internationaux : *Lucy, Le Cinquième Élément, Arthur et les Minimoys...*

1 Les films de Luc Besson sont-ils des biens corporels ou incorporels ? Justifiez votre réponse. Doc. 1

Incorporel, support immatérial pas d'existence physique

2 Luc Besson est-il propriétaire de tous les DVD de ses films ? Doc. 1

Non, L. Besson est propriétaire de l'oeuvre contenu dans les DVD mais pas des support matériel

3 Les droits de Luc Besson sur ses films relèvent-ils de la propriété industrielle ou de la propriété littéraire et artistique ? Doc. 2

relève de la propriété littéraire et artistique

4 Pourquoi est-il nécessaire de protéger la propriété de Luc Besson sur ses films ? Doc. 3

Protéger, afin de rentabiliser les défenses réalisés pour ses films

Situation La marque Louis Vuitton est rapidement reconnue grâce à son célèbre logo.

5 La marque Louis Vuitton est-elle un bien corporel ou incorporel ? Justifiez votre réponse. Doc. 1

La marque est un bien incorporel car pas d'existence physique

6 Le détenteur d'un sac Vuitton est-il propriétaire de la marque Vuitton ? Doc. 1

Non car il est propriétaire du sac (bien corporel) et non de la marque (bien incorporel) dont Louis Vuitton est titulaire

7 La marque Louis Vuitton relève-t-elle de la propriété industrielle ou de la propriété littéraire et artistique ? Doc. 2

La marque relève de la propriété industrielle

8 Pourquoi est-il nécessaire de protéger la marque Louis Vuitton ? Doc. 3

Les copie illicite nuisent à la réputation de la marque car ils sont généralement de - bonne qualité

9 Par quel outil est protégée chacune des créations suivantes ? Doc. 2

a. Le nouveau clip vidéo d'un chanteur : droit d'auteur

b. L'invention d'un purificateur d'air portable : brevet d'invention

c. Le logo de l'entreprise Nike :

d. Les croquis de la nouvelle collection Zara : dessin et modèles

Allez plus loin ! STMG_CH10_plus_loin_partie1.pdf

2 Identifier les composantes du droit d'auteur

DOC. 4 Qu'est-ce que le droit d'auteur ?

Toute personne qui crée une œuvre originale, qu'elle soit littéraire (un roman, une conférence...), musicale (une chanson), ou graphique (une peinture), se voit accorder sur cette œuvre un « droit d'auteur » : la paternité sur sa création lui est ainsi reconnue. Le droit d'auteur est également accordé aux créateurs de sites Internet, de logiciels... Toute œuvre intellectuelle peut être ainsi protégée. Aucune formalité n'est à réaliser pour acquérir le droit d'auteur : l'œuvre est protégée dès sa création. Cependant, une simple idée n'est pas protégée : il faut que cette idée soit matérialisée dans un support.

DOC. 5 Le contenu du droit d'auteur

Le droit d'auteur confère à l'auteur un droit patrimonial et un droit moral sur son œuvre.

Droit patrimonial	Droit moral
L'auteur bénéficie du droit exclusif d'exploiter son œuvre sous quelque forme que ce soit et d'en tirer un profit pécuniaire. Il peut ainsi : • interdire ou autoriser l'utilisation et la représentation de son œuvre, • et percevoir une rémunération en cas de reproduction de son œuvre.	Le droit moral permet à l'auteur de : • décider librement de divulguer ou non son œuvre, • revendiquer que son nom soit indiqué lors de la présentation de l'œuvre, • s'opposer à la dénaturation de son œuvre, • retoucher et modifier son œuvre.
Le droit patrimonial dure toute la vie de l'auteur et pendant 70 ans après son décès au profit de ses héritiers. Le droit patrimonial peut être vendu.	Le droit moral est perpétuel (il est transmis aux héritiers de l'auteur). Le droit moral ne peut pas être vendu.

DOC. 6 Luc Besson et EuropaCorp condamnés pour plagiat

Le réalisateur [Luc Besson] et sa société EuropaCorp ont été condamnés en appel pour « *contrefaçon* » de *New York 1997* dans le film *Lock Out*. La cour d'appel a fortement alourdi la condamnation de Luc Besson et d'EuropaCorp. Ils ont été condamnés à verser 465 000 euros de dommages et intérêts au cinéaste américain John Carpenter, à son coscénariste et à Studiocanal [qui détient les droits d'exploitation du film *New York 1997*] pour « *contrefaçon* » de *New York 1997* (1981) dans le film *Lock Out* (2012). [...]

Dans sa décision, la cour d'appel souligne les nombreuses similitudes entre les deux films de science-fiction. « *Il apparaît que les articulations des trames respectives des deux récits en cause accumulent les similitudes* », note-t-elle. Pour elle, « *est constitutive de contrefaçon la reprise massive et semblablement agencée [...] d'éléments essentiels de l'œuvre* New York 1997 ».

« Luc Besson et EuropaCorp condamnés pour plagiat », www.europe1.fr, 29/07/2016

Situation Les enjeux financiers de la réalisation et la production d'un film sont importants, et peuvent se chiffrer à plusieurs millions. Il est donc important que Luc Besson puisse exploiter ses films afin d'obtenir un retour financier au regard des investissements engagés.

10 Expliquez pourquoi Luc Besson bénéficie, sur ses films, d'un droit d'auteur. Doc. 4

11 Luc Besson doit-il réaliser des démarches pour que soient reconnus ses droits d'auteur sur chacun de ses films ? Doc. 4

12 Qui peut exploiter les droits sur le film et en tirer profit ? Doc. 5

Luc Besson

13 Luc Besson peut-il vendre les droits d'exploitation de ses films ? Justifiez. Doc. 5

14 Comment le droit moral protège-t-il Luc Besson ? Doc. 5

15 Pendant combien de temps Luc Besson est-il protégé par son droit d'auteur ? Doc. 5

Situation Le film *Lock Out* de Luc Besson ressemble étrangement à un autre film, *New York 1997*, réalisé par John Carpenter en 1981 : dans cette science-fiction, un fugitif doit sauver le président des États-Unis, qui a été capturé par des détenus dans une prison à sécurité maximale... La ressemblance entre les deux films ne se limite pas au scénario : d'autres similitudes apparaissent du point de vue de la mise en scène, du cadrage, des personnages secondaires...

16 Sur quel fondement et pourquoi Luc Besson a-t-il été condamné en justice ? Doc. 6

17 À quoi a-t-il été condamné ? Doc. 6

Allez plus loin ! STMG_CH10_plus_loin_partie2.pdf

3 Comprendre la protection de la marque commerciale

DOC. 7 Qu'est-ce qu'une marque ?

Une marque est un signe qui permet à une entreprise de distinguer les produits qu'elle fabrique ou qu'elle commercialise de ceux de ses concurrents. La marque reflète l'image que l'entreprise souhaite diffuser auprès de ses partenaires et de ses clients. Il existe plusieurs types de marque.

Marque nominale	Marque sonore	Marque figurative	Marque semi-figurative
Un ou plusieurs mots, des lettres, des chiffres, un slogan, un nom…	Une musique avec ou sans paroles, un son	Un signe graphique (un dessin, un logo…)	Combinaison de mots et de signes graphiques
Coca-Cola	Musique de la SNCF		Michel et Augustin les trublions du goût

DOC. 8 La protection de la marque

Une entreprise a intérêt à protéger sa marque, afin d'éviter que ses concurrents ne la copient pour profiter de sa notoriété. En France, pour protéger sa marque, il faut la déposer auprès de l'Institut national de la propriété industrielle (INPI).

Une fois la marque enregistrée, le déposant bénéficie d'un **monopole d'exploitation de sa marque** pendant une durée de dix ans (renouvelable indéfiniment). Ce monopole lui permet de s'opposer à ce qu'un concurrent utilise sa marque sans son autorisation. Le propriétaire de la marque peut autoriser un tiers, contre rémunération, à apposer sa marque sur les biens et services qu'il produit.

DOC. 9 La sanction de l'utilisation non autorisée d'une marque déposée

Lundi [3 décembre 2018], deux hommes, soupçonnés de commerce de vêtements contrefaits, ont été interpellés et placés en garde à vue par les gendarmes de la brigade de recherches de Lunel avec le concours des militaires de la brigade et du peloton de surveillance et d'intervention. Lors des perquisitions, plusieurs centaines d'articles ont été saisies (vêtements, chaussures, sacoches...) Les marques imitées sont multiples : Lacoste, Louboutin, Philipp Plein, Dsquared, Louis Vuitton, Givenchy, Gucci, Levis, Icon, etc. […] Déférés, les deux individus ont été mis en examen et placés sous contrôle judiciaire.

O. Le Creurer, « Contrefaçon : près de 140 000 euros saisis à Lunel », france3-regions.francetvinfo.fr, 06/12/2018

L'action en contrefaçon permet d'obtenir contre le contrefacteur d'une marque :
- **sur le plan pénal**, une condamnation à une peine (jusqu'à 4 ans de prison et 400 000 € d'amende) et la destruction des produits contrefaits,
- **sur le plan civil**, des dommages-intérêts en réparation du préjudice subi (manque à gagner, atteinte à l'image…).

Situation Connue dans le monde entier, la marque Louis Vuitton a toujours attisé la convoitise de ses concurrents. La marque apporte à l'entreprise une forte protection.

LOUIS VUITTON

18 Indiquez l'image que reflète la marque Louis Vuitton. Doc. 7

La Marque L.V reflète une image de luxe de grande qualité

19 Déterminez le type de marque qu'est Louis Vuitton. Doc. 7

20 Donnez un exemple de : Doc. 7

a. marque nominale : Pepsi

b. marque sonore :

c. marque figurative :

d. marque semi-figurative :

21 Auprès de qui une entreprise doit-elle déposer sa marque pour la protéger ? Doc. 8

22 Quel est l'intérêt, pour Louis Vuitton, d'avoir une marque déposée ? Doc. 8

23 Combien de temps une marque est-elle protégée ? Doc. 8

24 Pourquoi les deux hommes ont-ils été interpellés et placés en garde à vue ? Doc. 9

25 Que risquent-ils sur le plan pénal ? Doc. 9

26 Que pourrait obtenir en justice la société Louis Vuitton ? Doc. 9

27 Expliquez l'importance stratégique pour une entreprise que sa marque soit déposée. Doc. 7, Doc. 8 et Doc. 9

Allez plus loin ! STMG_CH10_plus_loin_partie3.pdf

Applications

1 Tester vos connaissances

Répondez par vrai ou par faux aux propositions suivantes.

1. Les biens incorporels n'ont pas de valeur pécuniaire.
   ☐ Vrai ☒ Faux
2. Seules les créations intellectuelles sont des biens incorporels.
   ☐ Vrai ☒ Faux
3. Le droit d'auteur est reconnu à l'auteur d'une œuvre dès sa création.
   ☐ Vrai ☐ Faux
4. Le droit d'auteur protège les créations littéraires et artistiques.
   ☐ Vrai ☐ Faux
5. Le droit moral de l'auteur comprend le droit de tirer profit de son œuvre.
   ☐ Vrai ☒ Faux
6. Le droit moral de l'auteur lui permet de revendiquer sa paternité sur l'œuvre.
   ☐ Vrai ☐ Faux
7. Il faut l'autorisation d'un photographe pour réutiliser l'une de ses photographies.
   ☐ Vrai ☐ Faux
8. La marque permet à une entreprise de distinguer ses biens de ceux de ses concurrents.
   ☐ Vrai ☐ Faux
9. La marque est protégée dès sa création.
   ☐ Vrai ☐ Faux
10. Seules des sanctions pénales sont prononcées en cas de contrefaçon.
    ☐ Vrai ☐ Faux

2 Acquérir le vocabulaire juridique

★

Résolvez les mots croisés suivants en utilisant le vocabulaire juridique.

1. Adjectif qui vise une marque constituée par un signe graphique
2. Cet organisme protège la propriété industrielle
3. Terme qui explique que seul le titulaire de la marque peut l'utiliser
4. Adjectif qui désigne un bien qui n'a pas d'existence physique
5. Elle est le signe distinctif d'un produit ou service d'une entreprise
6. Adjectif qui vise le droit de l'auteur de pouvoir s'opposer à la dénaturation de son œuvre
7. Durée en années de l'exclusivité d'une entreprise sur sa marque
8. Il protège les inventions techniques
9. Utilisation non autorisée d'une marque
10. Adjectif qui qualifie la propriété qui protège toutes les créations de l'esprit

3 Distinguer les biens corporels et les biens incorporels

Après une vie bien remplie, Louis Grandin est décédé récemment. Le notaire chargé de régler la succession est maître Delaloi.

Le notaire doit réaliser l'inventaire des biens de Louis Grandin.

Son patrimoine était composé des biens suivants.

1. Il vivait dans une maison dont il était propriétaire.
2. Il avait un compte bancaire et un compte d'épargne.
3. Sous son matelas, il avait caché quelques économies.
4. Passionné de cinéma, Louis Grandin avait un stock incroyable de DVD.
5. À la demande de ses petits-enfants, il avait écrit ses mémoires où il a raconté son enfance passée en Afrique.
6. Il était propriétaire d'un studio en ville, qu'il avait mis en location. Le locataire n'a pas payé le dernier loyer.

Distinguez les biens corporels et les biens incorporels dont Louis Grandin était propriétaire. Justifiez vos qualifications.

4 Identifier les composantes du droit d'auteur

L'œuvre de l'artiste Le Module de Zeer porte atteinte à l'œuvre de Buren

Le ministère de la Culture a dû retirer une œuvre de *street art* [art de rue] installée au Palais-Royal [au nord du palais du Louvre à Paris] en face des célèbres colonnes de Daniel Buren à la demande de ce dernier, qui a fait valoir son « *droit moral* », a indiqué ce samedi [23 mai 2018] le ministère. [...]

L'œuvre du Français Le Module de Zeer, installée dans le cadre d'une exposition organisée par le ministère de la Culture pour mettre en valeur l'art urbain [...], a été décrochée le 18 mai [2018]. L'artiste avait recouvert de toile imprimée sept colonnes d'une galerie longeant la cour d'honneur du Palais-Royal – aux abords du ministère – où sont installées les fameuses colonnes de Buren, elles-mêmes tant décriées par les défenseurs du patrimoine lors de leur installation en 1986. L'œuvre du Module de Zeer, avec ses impressions de modules composant des rayures horizontales, avait été conçue comme un « *dialogue* » avec les colonnes aux rayures verticales blanches et noires de Daniel Buren.

« *Nous sommes le ministère de la propriété intellectuelle et artistique, donc du droit moral des auteurs et créateurs [...] il y a une question d'exemplarité* », a souligné le ministère pour justifier sa décision de retirer l'œuvre, reconnaissant n'avoir pas fait la demande préalable requise auprès de l'artiste.

B.D. avec AFP, « Paris : Daniel Buren fait retirer une œuvre de street art en face de ses fameuses colonnes », www.20minutes.fr, 26/05/2018

1. Quels sont les faits à l'origine du litige ?
2. Expliquez en quoi l'œuvre du Module de Zeer portait atteinte au droit moral de Daniel Buren.
3. Quelle décision a été prise par le ministère de la Culture ?
4. Daniel Buren avait-il un délai à respecter pour faire respecter son droit moral ?
5. Qu'aurait dû obtenir le ministère de la Culture pour pouvoir exposer l'œuvre du Module de Zeer ?

5 Identifier les composantes du droit d'auteur

★★

L'affaire soumise à la cour [d'appel d'Aix-en-Provence] opposait un photographe à une agence de communication à qui il avait cédé le droit d'utiliser une photographie pour illustrer une plaquette commerciale et le site internet d'un programme immobilier moyennant un prix forfaitaire. Or, après avoir découvert la publication de cette photographie dans [*Paris Match*] sans son autorisation ni de rémunération supplémentaire, il assigna l'agence aux fins d'obtenir une rémunération complémentaire.

G. Cousin, « Principe de l'interprétation restrictive de la cession de droits d'auteur », www.lettredesreseaux.com, 28/03/2018

1. Qu'impose l'article L131-3 du Code de la propriété intellectuelle quand un auteur souhaite céder ses droits ?
2. Quels droits le photographe avait-il cédé à l'agence de communication ? Aurait-il pu céder son droit moral ?
3. Pourquoi et dans quel objectif le photographe a-t-il agi en justice contre l'agence ?
4. Expliquez la solution rendue par la cour d'appel.

DOC. 1 Article L131-3 du Code de la propriété intellectuelle (extrait)

La transmission des droits de l'auteur est subordonnée à la condition que chacun des droits cédés fasse l'objet d'une mention distincte dans l'acte de cession et que le domaine d'exploitation des droits cédés soit délimité quant à son étendue et à sa destination, quant au lieu et quant à la durée.

DOC. 2 Il faut respecter précisément le contrat de cession

La cour d'appel fait une application prévisible de [l'article L.131-3 du Code de la propriété intellectuelle]. Elle se fonde sur la mention figurant sur la note de l'auteur ainsi rédigée : « *droits d'auteur pour l'utilisation d'une photographie pour illustrer la plaquette commerciale et le site Internet du programme immobilier à Saint-Tropez. Format double page + reprise sur internet tirage 1 000 [exemplaires].* » Selon les juges, la cession porte uniquement « *sur l'illustration d'une plaquette commerciale sans que soit expressément mentionnée l'annonce presse de sorte que l'utilisation de celle-ci dans la revue* Paris Match *outrepasse l'autorisation donnée [...]* ».

G. Cousin, « Principe de l'interprétation restrictive de la cession de droits d'auteur », www.lettredesreseaux.com, 28/03/2018

6 Connaître les enjeux de la protection juridique de la marque

★

Le 6 juillet 2017, le tribunal de grande instance de Paris a jugé que la marque « Ici c'est Paris » appartenait au club de la capitale. Cette marque avait été déposée par l'association Défense des droits des supporters, pour que le slogan ne soit pas utilisé dans un but commercial. Un conflit opposait alors l'association et le club, qui commercialise des produits dérivés sur lesquels est reproduit le slogan.

Les juges ont attribué la propriété de la marque au club du PSG car l'association ne justifiait pas suffisamment pourquoi elle n'utilisait pas la marque.

1. Déterminez le type de marque qu'est « Ici c'est Paris » ?
2. Pourquoi les juges ont-ils attribué la marque au PSG ?
3. Quel est l'intérêt, pour le PSG, d'être propriétaire de la marque Ici c'est Paris ?

7 Identifier les conséquences de l'utilisation non autorisée d'une marque

[En février 2019], Ahmed et Hayette, la trentaine, gérants de deux sociétés indépendantes (Société Destyle et AES basées respectivement à Vineuil et Blois), se retrouvent à la barre de la cour d'appel d'Orléans. Ils contestent une décision prise à Blois, le 6 septembre 2016. La justice leur reprochait d'avoir acheté à Casablanca (Maroc), via le frère d'Ahmed, 2 442 jeans de marque Diesel considérés comme « *contrefaits.* » Le tribunal blésois leur avait infligé six mois de prison avec sursis, avait ordonné la confiscation des marchandises et, au civil, à indemniser la marque italienne Diesel de 55 000 € pour son préjudice d'image (la société avait demandé 553 000 €). [...]. Achetés 4 €, ils étaient revendus 35 €, les Diesel authentiques frisent les 200 €. [...] [Le Procureur] apporte la preuve que la marchandise saisie était bien contrefaite : code-barres différent de l'original, la couleur de l'impression [n'est] pas la même [...] La cour a confirmé toutes les dispositions du premier jugement.

« Jeans contrefaits : une amende salée ! », www.lanouvellerepublique.fr, 12/02/2019

1. Expliquez en quoi Ahmed et Hayette ont commis des actes de contrefaçon de la marque Diesel.
2. Listez et qualifiez les sanctions prononcées par la cour d'appel.

8 Se préparer au bac — Qualifier juridiquement une situation et formuler le problème de droit

Pour cette application, vous pouvez vous aider de la fiche méthode 1 et de la fiche méthode 2.

Jeff Koons condamné pour le plagiat d'une publicité Naf Naf

Jeff Koons, célèbre et sulfureux artiste américain, est accusé d'avoir copié une publicité de 1985 diffusée par la société de vêtements Naf Naf et imaginée par Franck Davidovici. Dans la publicité, on pouvait voir le cochon emblème de Naf Naf secourir une femme dans la neige, victime d'une avalanche.

L'œuvre en porcelaine de Koons, réalisée en 1988, ressemble fortement à la publicité puisque l'on y voit une femme allongée dans la neige, et proche d'elle, un cochon qui porte un collier de fleurs. Franck Davidovici estime que Jeff Koons a plagié sa publicité et a donc porté atteinte à ses droits. Il agit contre lui en justice pour être indemnisé.

Pour Jeff Koons, même s'il s'est inspiré de la publicité, il n'y a pas de plagiat car, dans son œuvre, « *le message était radicalement différent de l'œuvre première qui est de vendre des vêtements* ».

Le tribunal de grande instance de Paris a condamné Jeff Koons dans un jugement rendu le 8 novembre 2018.

1. Quelles sont les parties impliquées dans le litige ?
2. Qualifiez juridiquement les parties.
3. Quels sont les faits qui ont donné lieu au litige ?
4. Qualifiez le droit de Franck Davidovici sur la publicité qu'il a créée.
5. Qualifiez l'action en justice que Franck Davidovici a intentée contre Jeff Koons.
6. Formulez le problème de droit en utilisant vos qualifications juridiques.

Synthèse

Le droit de propriété sur les biens incorporels

- **Les biens incorporels**
  - Caractéristique des biens incorporels → Absence d'existence physique
  - Variété des biens incorporels → Créances, clientèle, marque d'une entreprise, droits sur un film…
  - Besoin de protection spécifique → Protection contre la circulation sans entrave de ces biens et leur reproduction sans autorisation

- **La propriété intellectuelle**
  - Protection de la propriété littéraire et artistique : le droit d'auteur
  - Protection de la propriété industrielle : brevets, marques, dessins et modèles
  - Le droit d'auteur
    - Définition → Droit reconnu à l'auteur d'une œuvre intellectuelle originale (un film, une musique, un roman…)
    - Contenu
      - Droit patrimonial : droit exclusif d'exploiter l'œuvre
      - Droit moral : droit perpétuel de faire respecter l'œuvre
    - Protection → Sanction de la violation du droit d'auteur par l'action en contrefaçon
  - La marque
    - Définition et types
      - Signe distinctif permettant à une entreprise de différencier ses biens et ses produits
      - Marque nominale, figurative, semi-figurative et sonore
    - Protection
      - Reconnaissance d'un monopole d'exploitation de dix ans au titulaire de la marque déposée à l'INPI
      - Action en contrefaçon (sanctions civiles et pénales) en cas d'utilisation sans autorisation d'une marque déposée

Rédigez votre synthèse personnelle à l'aide des mots-clés suivants :

- Biens incorporels
- Propriété industrielle
- Propriété littéraire et artistique
- Droit d'auteur
- Droit moral
- Droit patrimonial
- Marque commerciale
- Monopole d'exploitation
- Action en contrefaçon

Propriétaire et je ne peux pas tout faire ?!

Capacités

- Identifier les attributs et caractères du droit de propriété
- Qualifier un trouble anormal du voisinage

À l'aide de vos connaissances et des ressources documentaires en annexe, analysez la situation juridique ci-dessous et répondez aux questions.

Situation

M. et Mme Chebat ont récemment fait l'acquisition d'une propriété immobilière située à Vendargues, près de Montpellier. Ils comptaient en faire leur résidence principale à la retraite, à laquelle ils seront en droit de prétendre en 2022. La maison et son jardin, idéalement situés et bénéficiant d'un ensoleillement maximal, leur ont plu et leur ont fait accepter un prix d'achat assez élevé.

Mais depuis quelques semaines, le couple Chebat déchante. Leur plus proche voisin, installé comme éleveur de volailles à Vendargues depuis très longtemps, vient d'agrandir le parc destiné aux dindes en le rapprochant de la limite de leur propriété. M. et Mme Chebat ont immédiatement constaté des nuisances diverses, en particulier les gloussements bruyants et quasi-continus des volatiles et l'odeur désagréable de leurs déjections. Au point que, selon eux, leur jardin a perdu tout attrait.

N'ayant pas pu obtenir à l'amiable que l'exploitant agricole déplace son installation, M. et Mme Chebat envisagent de se tourner vers le tribunal.

1. Résumez les faits en les qualifiant juridiquement.
2. Identifiez le problème juridique posé par la construction litigieuse.
3. Présentez l'argumentation juridique que pourraient développer M. et Mme Chebat pour obtenir le déplacement forcé de l'installation des dindes.
4. Présentez l'argumentation juridique que pourrait développer le voisin de M. et Mme Chebat pour faire rejeter leur demande.
5. Quelle serait selon vous l'issue de ce conflit ?

ANNEXE 1 Code civil

Article 544 - La propriété est le droit de jouir et disposer des choses de la manière la plus absolue, pourvu qu'on n'en fasse pas un usage prohibé par les lois ou par les règlements.

ANNEXE 2 Article de doctrine

Création jurisprudentielle, le trouble anormal du voisinage a été consacré par deux arrêts de principe rendus par la Cour de cassation le 6 avril 1960 [...].
Il en ressort que le trouble peut avoir un caractère fautif ou non. Mais doit causer à autrui une nuisance, un dérangement ou un désordre. Il faut donc obligatoirement un dommage.
Ce dommage peut résulter de la violation d'une loi, d'une réglementation, d'un contrat, mais le non-respect d'une règle ne cause pas toujours un trouble.
Le trouble de voisinage est donc un dommage anormal créé au voisin, qui oblige l'auteur du trouble à dédommager la victime du préjudice subi. Seuls les troubles excédant les inconvénients normaux de voisinage engagent la responsabilité de leur auteur. De plus, le caractère excessif du trouble s'apprécie en fonction des circonstances de l'espèce. (...)

ANNEXE 2 *suite*

(...)
La responsabilité pour trouble de voisinage est une responsabilité objective qui peut être mise en œuvre indépendamment de toute faute de son auteur.
Les juges ont retenu, par exemple, comme troubles anormaux du voisinage :
- l'utilisation d'un instrument de musique comme la batterie, l'utilisation excessive d'un appareil de radio ;
- la détention de chiens de garde bruyants et dangereux, l'installation de huit à dix ruches dans un jardin, la présence d'un chenil contenant un trop grand nombre de chiens ;
- le tapage nocturne résultant de l'exploitation d'un café, la perte d'ensoleillement [...], les poussières, les odeurs, la vibration, l'infiltration d'eau.

Stéphanie Oswald, avocat au barreau de Lyon,
« L'ABC du trouble anormal du voisinage », www.juritravail.com, 22 juin 2017.

ANNEXE 3 Cour de cassation, 3e chambre civile, arrêt du 3 novembre 2016 (extrait)

Attendu, selon l'arrêt attaqué (Colmar, 20 mai 2015), que, le 2 septembre 1997, M. et Mme X... [...] ont donné à bail à M. Y... un local commercial dans un immeuble leur appartenant ; que, se plaignant d'une utilisation non conforme des locaux [...], la société Hôtel Saint Martin, qui exploite un hôtel dans l'immeuble [...], a demandé la réparation de son préjudice sur le fondement des troubles anormaux de voisinage qu'elle subissait du fait de l'activité de M. Y...;

Attendu que M. Y... fait grief à l'arrêt de le déclarer responsable des troubles anormaux de voisinage, de le condamner à payer à la société Hôtel Saint Martin une provision à valoir sur son préjudice et d'ordonner une expertise ;

Mais attendu qu'ayant souverainement relevé qu'il ressortait des rapports d'expertise judiciaire, des constats établis entre 2002 et 2010 par des huissiers de justice, des attestations des clients et du personnel de la société Hôtel Saint Martin ainsi que des lettres du service d'hygiène de la ville de Colmar, que les troubles anormaux de voisinage de nature sonore, vibratoires et olfactifs résultaient de l'exploitation de M. Y... et affectaient plusieurs chambres de l'établissement hôtelier situées au-dessus du local commercial, la cour d'appel [...] a légalement justifié sa décision ;

PAR CES MOTIFS : REJETTE le pourvoi [...].

ANNEXE 4 Cour de cassation, 3e chambre civile, arrêt du 22 octobre 2015 (extrait)

Attendu, selon l'arrêt attaqué (cour d'appel d'Aix-en-Provence, 20 mars 2014), que la SCI Les Chênes, qui a fait édifier sur son fonds un ensemble immobilier comprenant 52 appartements, a assigné M. et Mme X..., propriétaires d'une parcelle contiguë située en contrebas, en arrachage et étêtage des arbres et végétaux qui ne respectent pas la hauteur et les distances légales ou occasionnent une perte d'ensoleillement constitutive d'un trouble anormal de voisinage ; que la demande a été accueillie en ce qui concerne l'arrachage et la réduction des plantations non conformes aux prescriptions de l'article 671 du Code civil [...] ;

Attendu qu'ayant relevé que les propriétés des parties se situaient dans un environnement arboré et souverainement retenu qu'il n'était pas démontré que la SCI Les Chênes souffrirait, du fait de la présence d'arbres de haute taille implantés sur le fonds de M. et Mme X... situé six mètres en contrebas, d'une perte d'ensoleillement anormale par son importance et sa permanence, la cour d'appel a, par ces seuls motifs, légalement justifié sa décision de rejeter la demande fondée sur le principe de prohibition des troubles anormaux de voisinage ; [...]

PAR CES MOTIFS : REJETTE le pourvoi [...].

Fiche méthode

1 Qualifier juridiquement une situation

Comprendre la consigne

Le sujet d'examen énonce une situation concrète décrite dans un langage courant. Il vous est demandé de la qualifier juridiquement. Cela signifie qu'il faut traduire cette situation dans un langage juridique. Cette étape permettra d'identifier les règles de droit générales applicables à cette situation particulière.

Il faut donc commencer par une analyse rigoureuse des informations fournies dans le cas pratique.

Repérer les principales informations de la situation

Il s'agit de repérer les parties impliquées dans la situation, le lien juridique entre elles, les faits relatés et les éventuelles suites envisagées.

Éléments à repérer	Comment les repérer ?
Les parties impliquées dans la situation	Qui est impliqué ? Quels sont les acteurs ?
Le lien juridique	Quelle relation unit les acteurs de la situation ?
Les faits relatés	Qu'est-ce qu'il s'est passé ? Quelles sont les conséquences ?
Les suites, le dénouement	Y a-t-il une suite envisagée ?

EXEMPLE :

Fadila est propriétaire d'une maison de campagne, entourée d'un vaste terrain. Alors qu'elle revient dans cette maison après plusieurs semaines d'absence, elle se rend compte que Sam, le voisin, propriétaire du terrain qui jouxte le sien, a profité de son absence pour édifier un cabanon qui empiète sur son terrain. Fadila, très mécontente de ne pas avoir obtenu un règlement amiable de cette situation, envisage d'agir en justice pour faire démolir le cabanon en partie construit chez elle.

Utiliser des termes juridiques pour qualifier la situation

Chacun des éléments doit ensuite être exprimé avec le bon terme juridique.

Éléments	Exemples de qualification
Les parties impliquées	Demandeur/défendeur, propriétaire/voisin, personne morale/représentant de la personne…
Le lien juridique	Contrat, voisinage, représentation, contrefaçon…
Les faits	Accident d'automobile, construction sans droit, abus du droit de propriété, inconvénient anormal du voisinage, plagiat, contrefaçon, dommages…
Les suites	Montant des réparations attribuées, réparation en nature (démolition, expulsion)…

EXEMPLE :

Éléments de la situation	Langage courant	Termes juridiques correspondants
Les parties impliquées	Fadila Sam	Propriétaire d'un immeuble Propriétaire voisin
Le lien juridique	Propriétés voisines	Voisinage de propriétés
Les faits	La construction d'un cabanon empiétant chez le voisin	Une construction partiellement effectuée sur le terrain d'autrui
Les suites	Fadila veut voir disparaître le cabanon	Fadila veut obtenir une réparation en nature : la démolition de l'immeuble édifié sans droit sur son terrain

Rédiger de façon concise en utilisant les termes juridiques

Il faut se limiter aux informations indispensables et qui ont une conséquence juridique.

EXEMPLE :

Fadila, propriétaire d'un bien immobilier, constate l'édification d'une construction à cheval sur son terrain. Sam, le propriétaire voisin, à l'origine de la construction sans droit, n'a pas accepté de règlement amiable du litige. Fadila envisage donc de demander en justice la démolition de l'ouvrage.

Fiche méthode

2 Formuler le problème de droit

Comprendre la consigne

Formuler le problème juridique, c'est traduire le cas proposé en une question juridique d'ordre général dont la solution découlera de règles de droit. Cette tâche suppose au préalable d'avoir qualifié les faits juridiquement.

Il est le plus souvent demandé de « *formuler le problème juridique* », mais on peut également vous demander d'« *identifier le(s) problème(s) juridique(s)* » ou d'« *énoncer le(s) problème(s) juridique(s)* », etc.

Généraliser

Les règles de droit sont générales et impersonnelles. Aucun texte juridique n'envisage précisément le cas de Fadila, propriétaire qui constate que son voisin a construit un cabanon empiétant sur son terrain. Il faut donc :

- dépasser le cas concret et élargir la réflexion à tous les cas voisins, à toutes les affaires de même nature ;
- extrapoler, passer du particulier au général.

EXEMPLE :

La qualification juridique a été élaborée dans la Fiche 1 :

Fadila, propriétaire d'un bien immobilier, constate l'édification d'une construction à cheval sur son terrain. Sam, le propriétaire voisin, à l'origine de la construction sans droit, n'a pas accepté de règlement amiable du litige. Fadila envisage donc de demander en justice la démolition de l'ouvrage.

Termes juridiques de la qualification juridique	Termes juridiques élargis
Fadila, propriétaire d'une maison de campagne et d'un terrain Sam, le voisin à l'origine de la construction	La propriétaire dont la propriété est violée L'auteur d'une construction chez autrui
Une construction sans droit	Un empiétement sur la propriété d'autrui
La construction cause un préjudice à la propriétaire qui veut la faire supprimer	La demande de réparation en nature par la démolition du bien édifié sans droit

Formuler le problème de droit

Il s'agit d'énoncer en termes concis, généraux, impersonnels, la question posée par la situation.

EXEMPLE :

La question pour le juriste est alors :

Dans quelle mesure un propriétaire constatant une construction empiétant sur son terrain peut-il en obtenir la démolition ?

OU

La démolition d'une construction en violation du droit de propriété du voisin est-elle justifiée ?

La question juridique qui se pose est le point de départ d'un raisonnement fondé sur textes juridiques (loi, règlements, contrats) et/ou sur la jurisprudence.

Quelques exemples de problèmes de droit

EXEMPLE :

- Quelles sont les possibilités de recours à l'encontre d'une décision de justice ?
- Dans quelle mesure un incapable mineur peut-il réaliser certains actes juridiques ?
- Le propriétaire peut-il faire tout ce qu'il veut de sa propriété ?
- Quelles sont les composantes du droit d'auteur ?
- À quelles conditions une marque commerciale est-elle protégée ?

Fiche méthode

3 Identifier la ou les règles juridiques applicables

Comprendre la consigne

Pour résoudre le problème juridique posé par la situation du sujet, vous devez repérer la ou les règles générales qui vont pouvoir s'appliquer au cas. Ces règles sont souvent rappelées dans les annexes.
Il peut s'agir d'articles de loi (Code civil, Code du travail, Code pénal...), d'extraits de contrat (de travail, de vente...), de décisions ou d'extraits de décisions de justice (arrêts d'une cour d'appel ou de la Cour de cassation), etc.

Identifier les règles propres à résoudre le problème juridique posé

Identifier les règles applicables consiste à reconnaître ou distinguer les éléments relatifs au cas proposé.

1 Repérer les mots clés du problème juridique

En effet, les mots clés sont autant de jalons pour trouver la solution. Il peut s'agir de termes juridiques qui guident vers le domaine du droit concerné (ex. : propriété, empiétement, responsabilité, contrat de vente...), mais également des éléments qui précisent les points à examiner dans le cadre juridique retenu (ex. : sanction de la violation du droit de propriété, conditions de la responsabilité...). Il est donc essentiel d'avoir bien formulé le problème juridique au préalable.

EXEMPLE :

Le problème de droit a été formulé dans la Fiche 2 :

Dans quelle mesure un propriétaire constatant une construction empiétant sur son terrain peut-il en obtenir la démolition ?

2 Les mettre en relation avec les informations utiles dans les documents fournis

Cela conduit à rattacher les éléments de la documentation à chacun des mots clés.

EXEMPLE :

- Le principe du caractère absolu de la propriété → Code civil – Article 545
- La sanction légale de l'empiétement → Code civil – Article 555 (extrait)
- L'application de la sanction légale de l'empiétement par la Cour de cassation → Sanctions de l'empiétement : point sur la jurisprudence de la Cour de cassation

DOCUMENT

Code civil – Article 545
Nul ne peut être contraint de céder sa propriété, si ce n'est pour cause d'utilité publique, et moyennant une juste et préalable indemnité.

Code civil – Article 555 (extrait)
Lorsque les plantations, constructions et ouvrages ont été faits par un tiers et avec des matériaux appartenant à ce dernier, le propriétaire du fonds a le droit [...] soit d'en conserver la propriété, soit d'obliger le tiers à les enlever.

Sanctions de l'empiétement : point sur la jurisprudence de la Cour de cassation
Dans [un arrêt du 10 novembre 2016], la Cour de cassation considère qu'un empiétement de 0,04 m² sur la propriété voisine ne permet pas de fonder une demande de démolition. Elle lui préfère un « *rabotage permettant de mettre fin à l'empiétement constaté* ». Aussi, elle casse la décision de la Cour d'appel qui avait ordonné la destruction totale de l'ouvrage. En conclusion, lorsque le juge est saisi d'une demande de démolition, il doit rechercher si une autre solution (telle que l'adaptation de la construction litigieuse) permet de mettre fin à l'empiétement [...].
La Cour de cassation rappelle clairement que nul ne peut être contraint de subir un empiétement sur sa propriété et souligne dans le même temps qu'une solution alternative à la destruction totale de l'ouvrage peut être recherchée pour mettre fin à l'empiétement. (Cour de cassation, 3e chambre civile, arrêt du 10 novembre 2016 – n° 15-25113)

Sanction de l'empiétement : point sur la jurisprudence de la Cour de cassation, Agence Nationale pour l'Information sur le Logement (ANIL) - www.anil.org

Fiche méthode

4 Indiquer la ou les solutions juridiques possibles et rédiger la réponse

Appliquer les règles pour dégager la solution juridique

Appliquer les règles consiste à les utiliser, c'est-à-dire faire précisément correspondre les règles générales que vous avez identifiées avec le cas particulier de la situation. Il faut comprendre les éléments de droit des documents et vérifier leur adéquation à la situation concrète. Ce rapprochement va construire une argumentation juridique qui doit conclure sur une réponse, soit positive (les conditions sont réunies, *ex.* : X doit démolir sa construction), soit négative (les conditions ne sont pas remplies, *ex.* : la construction de X ne sera pas démolie).

EXEMPLE :

Documents de référence	Cas particulier
Peut-on dire que le propriétaire a un droit absolu sur son bien ?	
Code civil – Article 545 Nul ne peut être contraint de céder sa propriété, si ce n'est pour cause d'utilité publique, et moyennant une juste et préalable indemnité.	Fadila n'a pas fait l'objet d'une expropriation pour cause d'utilité publique. C'est un voisin qui porte atteinte à la propriété de son immeuble. → On peut donc bien dire que Fadila est en droit de faire cesser les troubles à la propriété qu'elle subit.
Peut-on dire que la demande de démolition de Fadila est fondée juridiquement ?	
Code civil – Article 555 (extrait) Lorsque les plantations, constructions et ouvrages ont été faits par un tiers [...] le propriétaire du fonds a le droit [...] d'obliger le tiers à les enlever. Si le propriétaire du fonds exige la suppression des constructions, plantations et ouvrages, elle est exécutée aux frais du tiers, sans aucune indemnité pour lui ; le tiers peut, en outre, être condamné à des dommages-intérêts pour le préjudice éventuellement subi par le propriétaire du fonds.	En accord avec les règles du Code civil, Fadila peut demander que la construction faite sans droit sur son terrain soit enlevée aux frais de son voisin. → La demande de démolition de Fadila est fondée juridiquement.
Peut-on dire que la demande de démolition de Fadila est adéquate ?	
Extrait d'un arrêt du 10 novembre 2016 de la Cour de cassation La Cour considère qu'un empiétement de 0,04 m^2 sur la propriété voisine ne permet pas de fonder une demande de démolition. Elle lui préfère un « *rabotage permettant de mettre fin à l'empiétement constaté* ». [...] Lorsque le juge est saisi d'une demande de démolition, il doit rechercher si une autre solution (telle que l'adaptation de la construction litigieuse) permet de mettre fin à l'empiétement.	Le rapprochement de la jurisprudence et des règles légales montre qu'il existe une alternative : soit l'empiétement sur le terrain de Fadila est significatif et la solution adéquate consiste dans la démolition du cabanon de Sam, soit l'empiétement est minime et une opération de rabotage de la construction suffira pour faire cesser le trouble subi par Fadila. → Les juges devront examiner concrètement la situation pour trancher entre la démolition complète du cabanon ou son simple « *rabotage* ».

▶ **Conclusion :** L'empiétement sur le terrain d'autrui pour construire sans droit est sanctionné par la loi. En principe, le propriétaire qui a subi le trouble peut exiger la démolition de l'ouvrage. Toutefois, la jurisprudence considère que si l'empiétement est minime, la sanction adaptée consiste dans la mise en conformité des lieux, grâce à une simple opération de rabotage de la construction.

Rédiger la réponse

La solution doit découler d'un raisonnement. L'utilisation des mots ou d'expressions de liaison tels que « or, mais, donc, par conséquent, il en résulte, etc. » est un soutien nécessaire à l'énoncé de la solution.

Votre réponse devra comporter plusieurs parties :

1. le résumé des faits à l'origine du problème ;
2. la présentation des éléments de droit applicables ;
3. la mise en correspondance du droit avec les faits ;
4. la déduction de la solution.

Fiche méthode

5 Exploiter les documents juridiques : comprendre la décision de justice

Situer la décision de justice dans les étapes d'un procès

La décision peut être une réponse à d'autres décisions antérieures. Il faut repérer de quelle juridiction elle émane, et donc à quelle étape du procès on se situe.

EXEMPLE :

La propriétaire d'un terrain découvre que son voisin a fait construire un cabanon qui empiète sur sa propriété. Elle décide de saisir la justice pour obtenir la démolition de cette construction.

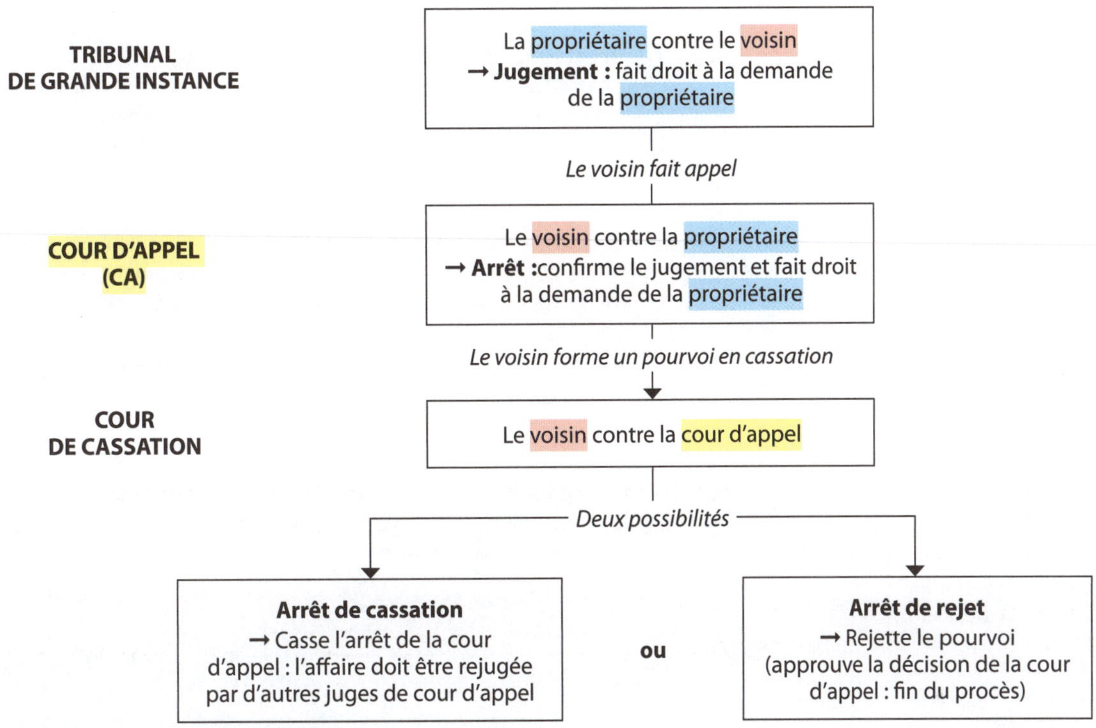

Identifier la décision de la Cour de cassation dans un arrêt

Les arrêts de la Cour de cassation sont composés de plusieurs paragraphes, comportant chacun une information distincte, et retraçant l'historique de l'affaire. La structure des arrêts varie selon qu'il s'agit d'un **arrêt de cassation** ou d'un **arrêt de rejet**.

ARRÊT DE CASSATION	ARRÊT DE REJET
Énoncé de la règle de droit *Vu…*	
Exposé des faits *Attendu* → Faits *Attendu que* → Raisonnement de la CA	**Exposé des faits** *Attendu* → Faits *Attendu que* → Raisonnement du pourvoi
Argumentation de la Cour de cassation *Qu'en statuant ainsi, qu'en se déterminant…*	**Argumentation de la Cour de cassation** *Mais attendu que…*
Solution de la Cour de cassation *CASSE ET ANNULE…*	**Solution de la Cour de cassation** *REJETTE…*

Identifier les éléments clés d'un arrêt de cassation

ÉNONCÉ DE LA RÈGLE DE DROIT
Sont énoncés ici le ou les textes sur lesquels la Cour de cassation fonde sa décision.

EXPOSÉ DES FAITS
La Cour de cassation rappelle les faits tels qu'elle les tient de la juridiction précédente. Cela permet de comprendre quels étaient, au premier degré les demandeur et défendeur, quel est le problème juridique et quel est l'objet du procès.

Décision et arguments de la juridiction précédente
La décision attaquée est clairement citée ainsi que ses motifs.

ARGUMENTATION DE LA COUR DE CASSATION
La Cour de cassation précise les arguments qui lui font censurer la décision attaquée.

SOLUTION DE LA COUR DE CASSATION
La Cour de cassation indique ici qu'elle casse l'arrêt de la cour d'appel et précise la suite de la procédure. Dans d'autres cas, elle rejette le pourvoi.

Arrêt de la Cour de cassation du 10 novembre 2016, 3e chambre civile

Sur le moyen unique :

Un **moyen** est un « *argument de l'auteur du pourvoi* », c'est-à-dire de celui qui, insatisfait de la décision précédente, a saisi la Cour de cassation d'un « pourvoi ».

Vu les articles 544 et 545 du Code civil ;

Mot introductif des paragraphes d'un arrêt de la Cour de cassation

Attendu, selon l'arrêt attaqué (Bourges, 2 juillet 2015), que M. et Mme X..., propriétaires de la parcelle AN 305, et M. et Mme Y..., propriétaires de la parcelle AN 151, ont assigné leur voisin, M. Z..., propriétaire de la parcelle 462, en enlèvement d'un bâtiment constituant un atelier-garage empiétant sur leurs fonds ;

Attendu que, pour ordonner la démolition totale du bâtiment, l'arrêt retient qu'il empiète sur le fonds de M. et Mme X..., que les considérations de l'expert selon lequel l'empiétement représenterait une bande d'une superficie de 0,04 m² sont inopérantes au regard des dispositions des articles 544 et 545 du Code civil et que cet empiétement fonde la demande de démolition de la construction litigieuse ;

Qu'en statuant ainsi, sans rechercher, comme il le lui était demandé, si un rabotage du mur n'était pas de nature à mettre fin à l'empiétement constaté, la cour d'appel n'a pas donné de base légale à sa décision ;

PAR CES MOTIFS :

À la fin des **arguments** de la Cour

Décision de la Cour de cassation : censure de la juridiction précédente

CASSE ET ANNULE, mais seulement en ce qu'il condamne M. Z... à démolir le bâtiment édifié sur sa parcelle 462, ... à Decize (58), et dit que cette démolition devra être achevée dans un délai de six mois de la signification du présent arrêt, sous astreinte de 200 euros par jour de retard passé ce délai, l'arrêt rendu le 2 juillet 2015, entre les parties, par la cour d'appel de Bourges ; remet, en conséquence, sur ce point, la cause et les parties dans l'état où elles se trouvaient avant ledit arrêt et, pour être fait droit, les renvoie devant la cour d'appel d'Orléans [...].

Lexique

A

Abus du droit de propriété : trouble causé au voisin par un propriétaire, avec l'intention de lui nuire.

***Abusus* :** l'une des prérogatives du droit de propriété, celle de disposer de la chose (vendre, donner, détruire).

Accord amiable : accord conclu entre deux parties à un litige pour y mettre fin sans procès.

Accords collectifs : accords conclus entre des employeurs (ou des groupements patronaux) et des organisations syndicales représentatives de salariés portant sur un point particulier des conditions de travail (accord salarial, accord sur la formation professionnelle continue, etc.).

Acte authentique : document écrit, rédigé par un officier public compétent (notaire, officier d'état civil, etc.).

Acte juridique : manifestation de volonté d'une ou de plusieurs personnes dans le but de produire des conséquences juridiques.

Acte sous signature privée : document écrit, rédigé par les parties s'engageant les unes envers les autres sous leur simple signature (manuscrite ou électronique).

Acte d'administration : acte de gestion du patrimoine qui ne met pas en péril le patrimoine sur lequel il s'exerce, par exemple un contrat de location, la vente d'un bien meuble d'usage courant.

Acte de disposition : acte de gestion grave du patrimoine qui peut mettre en péril le patrimoine sur lequel il s'exerce, par exemple la vente d'un bien immeuble, la vente de meubles précieux.

Action en contrefaçon : action visant à engager la responsabilité de celui qui porte atteinte à la propriété intellectuelle par imitation, reproduction ou exploitation non autorisées d'une création de l'esprit.

Administration légale : régime d'administration des biens du mineur qui, selon la loi, est confiée à ses parents.

Appel : recours offert à tout justiciable qui lui permet de faire rejuger une affaire par une juridiction hiérarchiquement supérieure à celle qui a rendu le jugement en premier ressort.

Arrêtés : décisions de portée générale ou individuelle qui émanent d'un ou de plusieurs ministres (arrêté ministériel) ou d'autres autorités administratives (arrêté préfectoral ou municipal).

Assignation : acte de procédure par lequel une partie à un litige fait convoquer son adversaire devant la justice.

Attributs du droit de propriété : prérogatives reconnues au propriétaire, dont la somme constitue le droit de propriété ; il s'agit de l'*usus*, du *fructus* et de l'*abusus*.

Audience : phase du procès durant laquelle les demandes et arguments des parties sont exposés devant le tribunal.

Autorité légitime : autorité dont le pouvoir d'élaborer les règles de droit est justifié par le processus démocratique qui l'a désignée.

Aveu : reconnaissance par une partie au procès du bien-fondé de la prétention de l'adversaire.

B

Biens corporels : au sens propre, droit de propriété des choses matérielles ; par extension, toutes les choses matérielles, objets de droit.

Biens immeubles : biens qui ne peuvent se déplacer ni être déplacés ou biens rattachés à un immeuble par la destination qu'ils ont reçue.

Biens incorporels : droits portant sur une chose matérielle distincts de la propriété ; par extension, tous les biens sans consistance matérielle.

Biens meubles : biens qui peuvent se déplacer ou être déplacés, ou tous les biens qualifiés de « meubles » par détermination de la loi.

C

Capacité (juridique) : aptitude d'une personne à être titulaire de droits (capacité de jouissance) et à les exercer (capacité d'exercice).

Caractère absolu du droit de propriété : absence de limite au droit de propriété et opposabilité de ce droit aux tiers.

Caractère cessible (des droits patrimoniaux) : faculté des droits patrimoniaux d'être cédés (vendus ou donnés).

Caractère exclusif du droit de propriété : principe selon lequel un bien n'a qu'un propriétaire qui cumule à lui seul toutes les prérogatives liées à ce droit.

Caractère général (de la règle de droit) : principe selon lequel la règle de droit est la même pour tous les sujets de droit.

Caractère légitime (de la règle de droit) : caractère incontestable de la règle de droit lié à la légitimité de l'autorité qui en est à l'origine.

Caractère obligatoire (de la règle de droit) : principe selon lequel la règle de droit s'impose à tous, sous peine de sanction.

Caractère perpétuel du droit de propriété : principe selon lequel le droit de propriété ne disparaît pas en cas de non-usage et se transmet à ses héritiers.

Caractère saisissable (des droits patrimoniaux) : faculté des droits patrimoniaux d'être saisis par un créancier impayé.

Caractère transmissible (des droits patrimoniaux) : faculté des droits patrimoniaux d'être transmis par voie de succession.

Charge de la preuve : obligation de prouver ses dires lors d'un procès.

Commission nationale de l'informatique et des libertés (CNIL) : autorité administrative indépendante chargée de veiller à la protection des libertés individuelles et des données personnelles, en particulier lors des usages informatiques de ces données.

Compétence d'attribution : règles déterminant la matière des procès relevant de chaque type de tribunal ou juridiction.

Constitution : ensemble des règles qui déterminent la forme du gouvernement d'un pays (régime politique), les rapports entre gouvernants et citoyens ainsi que les libertés et les droits fondamentaux. En France, la Constitution de la Ve République est en vigueur depuis le 4 octobre 1958.

Contravention : infraction jugée par le tribunal de police, punie d'une amende jusqu'à 1 500 euros et/ou d'une peine privative de droit (exemple : suspension du permis de conduire).

Contrôle de constitutionnalité : contrôle opéré par le Conseil constitutionnel de la conformité d'une loi à la Constitution.

Copropriété : situation dans laquelle le droit de propriété a été acquis par deux ou plusieurs personnes.

Crime : infraction jugée par la cour d'assises, punie d'une peine d'emprisonnement jusqu'à la perpétuité et/ou d'une amende d'au moins 3 750 euros.

Curatelle : régime d'incapacité organisant la protection des majeurs qui ont besoin d'une assistance du fait de l'altération de leurs facultés personnelles.

Curateur : personne chargée par le juge des tutelles d'assister le majeur en curatelle lors de la conclusion des actes juridiques.

D

Décrets : textes élaborés soit par le président de la République, soit par le Premier ministre, en vue notamment de préciser les conditions d'application d'une loi.

Défendeur : partie à un litige qui s'oppose aux prétentions du demandeur.

Délit : infraction jugée par le tribunal correctionnel, punie d'une amende d'au moins 3 750 euros et/ou d'une peine d'emprisonnement de dix ans au plus.

Demandeur : partie à un litige qui engage une procédure pour faire valoir ses prétentions.

Dénomination (d'une personne morale) : appellation sous laquelle une personne morale est enregistrée auprès des organismes compétents (RCS, préfecture, etc.).

Dépôt de plainte : démarche par laquelle une personne qui s'estime victime d'une infraction en avise le procureur de la République, dans le but de faire engager des poursuites contre l'auteur de l'infraction.

Directives (européennes) : textes de droit élaborés par les instances européennes, dont l'application dans chaque pays de l'Union suppose une transposition en droit interne par un texte de droit national (loi ou décret).

Domicile : lieu du principal établissement d'une personne physique.

Dommages-intérêts : somme d'argent dont le paiement est mis à la charge du responsable pour indemniser la victime d'un dommage ou le créancier d'une obligation non exécutée.

Données à caractère personnel : termes désignant toutes les informations concernant une personne physique identifiée et identifiable.

Droit à l'image : droit extrapatrimonial rattaché au droit au respect de la vie privée, selon lequel chacun a un droit exclusif sur son image lui permettant d'autoriser ou de refuser l'utilisation et l'exploitation de cette image.

Droit à l'information : droit de regard de toute personne sur ses données personnelles et sur le traitement qui en est fait par toute organisation.

Droit au respect de la vie privée : droit extrapatrimonial permettant à chacun de s'opposer à la divulgation des éléments de sa vie personnelle et familiale : sa vie sentimentale, son orientation sexuelle, sa pratique religieuse, son image, etc.

Droit d'auteur : droit issu de la propriété littéraire et artistique composé d'un droit patrimonial et d'un droit moral.

Droit de propriété : droit réel conférant à son titulaire la faculté de se servir de la chose, d'en recueillir les fruits et de disposer librement de cette chose.

Droit européen : droit issu des institutions européennes, soit sous forme de droit originaire (les traités européens) soit sous forme de droit dérivé (les règlements et directives de l'Union européenne).

Droit moral (de l'auteur) : droit permettant à l'auteur de décider de divulguer ou non son œuvre, d'en revendiquer l'attribution, de s'opposer à toute dénaturation de son œuvre, de la modifier librement ; ce droit, perpétuel, inaliénable et imprescriptible, est attaché à la personne de l'auteur et se transmet à ses héritiers.

Droit négocié : ensemble des règles de droit du travail élaborées par accord entre les partenaires sociaux, syndicats de salariés d'une part, employeurs ou groupements patronaux d'autre part.

Droit patrimonial (de l'auteur) : droit exclusif de l'auteur d'exploiter son œuvre sous quelque forme que ce soit et d'en tirer un profit pécuniaire ; ce droit peut être cédé à des tiers, il s'exerce durant toute la vie de l'auteur et bénéficie à ses héritiers durant 70 ans après sa mort.

Droits de la personnalité : droits extrapatrimoniaux dont l'objet est la protection de l'intégrité d'une personne, intégrité physique d'une part (droit au respect du corps humain), intégrité morale d'autre part (droit à l'honneur, droit au respect de la vie privée).

Droits extrapatrimoniaux : droits subjectifs sans valeur économique constitués par des droits publics et politiques (libertés de pensée, d'expression, etc.), des droits collectifs (droit de grève, liberté syndicale, etc.) et des droits de la personnalité (droits au respect de la vie privée, à la présomption d'innocence, etc.).

Droits intellectuels : droits reconnus au créateur d'une œuvre originale, constitués de la propriété littéraire et artistique et de la propriété industrielle.

Droits patrimoniaux : droits subjectifs à caractère économique portant soit sur des choses (droits réels), soit sur des personnes (droits personnels ou de créance).

Droits personnels : droits patrimoniaux s'exerçant à l'égard d'une personne (également appelés « droits de créance »).

Droits réels : droits patrimoniaux portant sur des choses (le droit de propriété, par exemple).

E

Égalité (principe) : principe selon lequel toutes les personnes sont traitées de la même façon par le droit.

État de droit : système juridique dans lequel le respect du droit s'impose non seulement à toutes les personnes, mais aussi à l'État.

Expropriation : mesure administrative par laquelle un propriétaire est privé de son bien pour une cause d'utilité publique. L'expropriation donne lieu à indemnisation.

F

Fait juridique : événement voulu ou non qui entraîne des effets juridiques indépendamment de la volonté des personnes concernées.

***Fructus* :** l'une des prérogatives du droit de propriété, celle de bénéficier des fruits que peut produire la chose.

G

Genre : concept de différenciation des personnes selon leur sexe.

H

Habilitation familiale : dispositif permettant au proche d'un majeur incapable désigné par le juge des tutelles de le représenter dans les actes de la vie courante ; cette habilitation permet d'éviter le recours à la tutelle ou à la curatelle.

Hiérarchie des normes : classement hiérarchisé de l'ensemble des sources du droit imposant à une source inférieure d'être conforme à une source supérieure.

I

Incapacité (juridique) : inaptitude d'une personne à être titulaire de droits (incapacité de jouissance) ou à les exercer (incapacité d'exercice).

Inconvénients anormaux du voisinage : troubles excessifs causés au voisin par un propriétaire, sans intention toutefois de lui nuire.

Indivision : situation dans laquelle plusieurs personnes partagent le droit de propriété, chacune ayant le droit de mettre un terme à cette situation par une demande de partage.

Infraction : atteinte à l'ordre public d'une gravité variable faisant encourir à son auteur une sanction pénale adaptée à cette gravité.

Instance : terme désignant le déroulement de la procédure judiciaire.

Intime conviction du juge : appréciation faite par le juge de la valeur des preuves imparfaites.

J

Juge des tutelles : magistrat chargé de décider du régime de protection juridique des majeurs incapables et de contrôler leur mise en œuvre.

Juridictions de droit pénal : tribunaux dits répressifs, chargés de juger et sanctionner les auteurs d'infractions.

Juridictions de droit privé : tribunaux chargés de régler les litiges entre les personnes privées, particuliers et entreprises.

Jurisprudence : ensemble des décisions de justice ou, plus précisément, solution habituellement apportée par les juges à un problème de droit, et plus particulièrement solution des juges suprêmes (Cour de cassation).

L

Laïcité (principe) : principe garantissant à tous le même droit à la liberté de conscience, le droit d'adhérer ou non à une religion, et aussi la séparation de l'État et des organisations religieuses.

Liberté (principe) : principe autorisant à chacun de choisir le mode d'organisation de sa vie en disposant de droits fondamentaux, comme les libertés de pensée, d'expression, de se déplacer, de choisir son activité professionnelle, etc.

Litige : désaccord entre deux ou plusieurs personnes concernant la réalité et/ou l'exercice d'un droit.

Lois : textes créateurs de règles de droit adoptés par le Parlement.

M

Marque commerciale : signe distinctif permettant la différenciation d'un produit ou d'un service proposé par une entreprise.

Mise en examen : mise en cause d'une personne dans le cadre de poursuites pénales s'il apparaît au juge d'instruction que sa participation à l'infraction est vraisemblable.

Mode de preuve : moyen par lequel les parties à un procès peuvent prouver un acte ou un fait juridique ; la preuve peut être faite, selon les cas, par un écrit, par un témoignage, par un aveu, etc.

Monopole d'exploitation : droit exclusif reconnu à toute personne titulaire d'un droit de propriété intellectuelle d'exploiter sa création.

N

Nom : principal élément d'individualisation d'une personne physique, déterminé par le choix des parents à la naissance ; le nom de l'enfant est celui du père, de la mère ou des deux accolés.

O

Ordonnances : textes réglementaires par leur origine mais législatifs dans leur contenu, car adoptés par le gouvernement dans des domaines de compétences en principe réservés au Parlement.

Ordre public : règles de droit auxquelles nul ne peut déroger ; l'ordre public a pour but d'assurer la protection de l'intérêt général ou de défendre des sujets de droit en situation de faiblesse relative (salariés, consommateurs).

P

Partie civile : personne qui, à l'occasion d'un procès pénal, demande au tribunal la réparation du préjudice qui lui a été causé par l'infraction poursuivie.

Patrimoine : ensemble des droits et des obligations à caractère pécuniaire d'une personne juridique (physique ou morale).

Personnalité juridique : aptitude à être sujet de droits et d'obligations.

Personne morale : groupement de personnes disposant de la personnalité juridique constitué, par exemple, pour défendre des intérêts privés soit lucratifs (sociétés), soit non lucratifs (associations).

Personne physique : tout être humain bénéficiant de la personnalité juridique.

Pourvoi en cassation : recours formé contre une décision rendue en dernier ressort ; le pourvoi est exercé par une partie qui estime que le droit n'a pas été correctement appliqué par les juges du fond.

Présomption (de fait ou judiciaire) : mode de raisonnement juridique qui, à partir de l'établissement d'un fait, déduit l'existence d'un autre fait qui n'est pas prouvé.

Prétentions : contenu de la demande et de la défense à un procès, c'est-à-dire de ce que les parties réclament en justice.

Preuve électronique : preuve écrite constituée sur support électronique ; sous conditions de fiabilité, elle a la même valeur qu'une preuve écrite « classique ».

Procès civil : procès devant les juridictions de droit privé visant à régler entre des personnes privées un litige né d'un dommage subi, de l'inexécution d'un contrat, d'une cause familiale, etc.

Procès équitable : principe selon lequel chaque justiciable dispose de plusieurs garanties de bonne justice : le droit d'être jugé publiquement, par un juge indépendant et impartial ; d'être présent ou représenté devant le tribunal ; de connaître les arguments et les preuves de son adversaire.

Procès pénal : procès dont le but est de sanctionner les atteintes à l'ordre public résultant des infractions.

Propriété industrielle : droit ayant pour objet la protection des innovations techniques (par la délivrance de brevets), des innovations esthétiques (par la protection des dessins et modèles) et des signes distinctifs d'un produit (par la protection de la marque) ; c'est l'une des deux branches de la propriété intellectuelle.

Propriété littéraire et artistique : protection des auteurs d'œuvres littéraires, artistiques, musicales et cinématographiques par la reconnaissance d'un droit d'auteur sur leur création ; c'est l'une des deux branches de la propriété intellectuelle.

R

Règle de droit : règle organisant la vie en société ; à la différence d'autres règles sociales, les règles de droit sont générales, obligatoires et contraignantes.

Règle morale : règle imposant un comportement social à partir de la distinction entre ce qui est bien et ce qui est mal, dont le respect n'est toutefois pas sanctionné.

Règlement général sur la protection des données (RGPD) : règlement de l'Union européenne entré en vigueur le 25 mai 2018 et applicable à toutes les organisations (entreprises, administrations publiques, associations…) qui traitent des données à caractère personnel.

Règlements (européens) : textes de droit européen, directement applicables dans tous les États membres de l'Union, tant aux entreprises qu'aux particuliers.

Représentation : dispositif juridique qui permet à une personne (le représentant) d'agir au nom d'une autre personne (le représenté) pour qui elle peut passer des contrats.

S

Sanction civile : mesure prise à l'encontre d'une personne ayant porté atteinte aux droits d'autrui (dommages et intérêts, nullité d'un contrat, expulsion, etc.).

Sanction pénale : mesure prise à l'encontre d'une personne ayant commis une infraction portant atteinte à l'ordre social (emprisonnement, amende, retrait ou suspension du permis de conduire, etc.).

Sauvegarde de justice : mesure de protection provisoire d'un majeur qui ne le prive pas de sa capacité juridique, mais qui permet de faire annuler ou corriger des actes contraires à ses intérêts.

Siège social : lieu du principal établissement d'une personne morale.

Solidarité (principe) : principe juridique d'organisation de la société selon lequel chacun participe par ses contributions au bien-être des moins favorisés.

T

Témoignage : mode de preuve imparfaite consistant dans la déclaration faite par une personne rapportant un fait dont elle a eu personnellement connaissance.

Tribunaux administratifs : tribunaux chargés de juger les litiges entre l'Administration et des personnes ou des entreprises.

Trouble anormal du voisinage : gêne occasionnée par un propriétaire à un voisin soit de façon volontaire (abus du droit de propriété), soit de façon involontaire, mais dans des proportions dépassant la norme (inconvénient anormal du voisinage).

Tutelle : régime de protection d'un majeur qu'une altération de ses facultés physiques ou psychiques met dans l'impossibilité de pourvoir seul à ses intérêts ou régime de protection d'un mineur qui n'a plus ses parents ou ayant des parents hors d'état d'exercer l'autorité parentale.

Tuteur : personne chargée par le juge des tutelles de représenter l'incapable protégé par le régime de la tutelle.

U

***Usus* :** l'une des prérogatives du droit de propriété, celle d'utiliser la chose.

V

Voies de recours : action permettant à un justiciable de demander un nouvel examen en justice de l'affaire qui le concerne ; les principales voies de recours sont l'appel et le pourvoi en cassation.

Crédits photographiques

Les photos se lisent de haut en bas et de gauche à droite.

Couverture : IP3 PRess/MAXPPP ; **p. 5 :** Adobe Stock/guillaume ; **p. 6 :** Adobe Stock/MacX ; **p. 8h :** Adobe Stock/Lenslife ; **p. 8b :** Adobe Stock/Bruno Bleu ; **p. 10 :** Adobe Stock/Animaflora PicsStock ; **p. 12 :** Adobe Stock/travelview ; **p. 13h :** Adobe Stock/domagoj8888 ; **p. 13b :** Adobe Stock/pixarno ; **p. 14h :** Adobe Stock/nik0.0kin ; **p. 14b :** Adobe Stock/zef art ; **p. 15 :** Adobe Stock/Brocreative ; **p. 17 :** Adobe Stock/Dusan Kostic ; **p. 18b :** Adobe Stock/reichdernatur ; **p. 20g :** Adobe Stock/saiyood ; **p. 20d :** Adobe Stock/yosef19 ; **p. 22 :** Adobe Stock/Agence73Bis ; **p. 24 :** Adobe Stock/PackShot ; **p. 26 :** Adobe Stock/anrymos ; **p. 27 :** Adobe Stock/MNStudio ; **p. 28h :** Adobe Stock/photka ; **p. 28b :** Adobe Stock/Nmedia ; **p. 29 :** Adobe Stock/iMAGINE ; **p. 31 :** Shutterstock/Frederic Legrand - COMEO ; **p. 33 :** GETTY IMAGES France ; **p. 34h :** Adobe Stock/LIGHTFIELD STUDIOS ; **p. 34b :** Adobe Stock/DragonImages ; **p. 36g :** Adobe Stock/snaptitude ; **p. 36d :** Adobe Stock/Monkey Business ; **p. 38g :** Adobe Stock/Regis Duvignau/REUTERS ; **p. 38d :** Adobe Stock/Proxima Studio ; **p. 41g :** Adobe Stock/fizzgig ; **p. 41d :** Adobe Stock/Gina Sanders ; **p. 42 :** Adobe Stock/ryanking999 ; **p. 43 :** Adobe Stock/Putida ; **p. 45h :** Michel Stoupak/Nurphoto/AFP ; **p. 45b :** BENOIT PEYRUCQ/AFP ; **p. 46 :** Adobe Stock/Richard Villalon ; **p. 48 :** Adobe Stock/Brian Jackson ; **p. 50 :** Adobe Stock/Mellow10 ; **p. 52 :** Adobe Stock/Xiongmao ; **p. 54h :** Adobe Stock/gam16 ; **p. 54b :** Adobe Stock/Olivier-Tuffé ; **p. 55 :** Adobe Stock/Jonathan Stutz ; **p. 57 :** Adobe Stock/jordieasy ; **p. 59 :** Adobe Stock/Daisy Daisy ; **p. 61 :** Justin Sullivan/getty Images North America/AFP ; **p. 62hg :** Adobe Stock/Rawpixel.com ; **p. 62hd :** Adobe Stock/Velirina ; **p. 62b :** Adobe Stock/Happy monkey ; **p. 64g :** Adobe Stock/Drobot Dean ; **p. 64m et d :** Adobe Stock/rh2010 ; **p. 66 :** Adobe Stock/candy1812 ; **p. 68 :** Adobe Stock/Dmitry Naumov ; **p. 69 :** Adobe Stock/phonlamaiphoto ; **p. 70 :** Adobe Stock/Richard Villalon ; **p. 71 :** Adobe Stock/David Pereiras ; **p. 73 :** © Nour Films ; **p. 74h :** Adobe Stock/mma23 ; **p. 75h :** © Air France ; **p. 75b :** © Auchan ; **p. 76 :** Adobe Stock/digitalskillet1 ; **p. 78 :** Adobe Stock/contrastwerkstatt ; **p. 79 :** Adobe Stock/Chlorophylle ; **p. 80h :** Adobe Stock/Scott Griessel ; **p. 80b :** Adobe Stock/Olesia Bilkei ; **p. 81 :** Adobe Stock/JackF ; **p. 83 :** BOISSIERE/SIPA PRESS ; **p. 84hd :** Adobe Stock/philippe Devanne ; **p. 84md :** Adobe Stock/Richard Villalon ; **p. 84bg :** Shutterstock/lentamart ; **p. 86g :** Adobe Stock/Brad Pict ; **p. 86d :** Adobe Stock/auremar ; **p. 88g :** Adobe Stock/JKn ; **p. 88m :** Adobe Stock/Africa Studio ; **p. 88d :** Adobe Stock/shchus ; **p. 89g :** Adobe Stock/Countrypixel ; **p. 89d :** Adobe Stock/Peter Stein ; **p. 90g :** Adobe Stock/Sergii ; **p. 90d :** Shutterstock/Michal Hlavica ; **p. 91 :** Adobe Stock/JuliaM ; **p. 93 :** Adobe Stock/Jacob Lund ; **p. 95h :** GETTY IMAGES France ; **p. 95b :** Adobe Stock/metamorworks ; **p. 96a :** Adobe Stock/Olivier-Tuffé ; **p. 96b :** Adobe Stock/Tydav Photos ; **p. 96c :** Adobe Stock/GianlucaCiroTancredi ; **p. 96d :** Adobe Stock/Wayhome Studio ; **p. 98g :** Adobe Stock/corepics ; **p. 98d :** Adobe Stock/Andrey Popov ; **p. 100h :** Adobe Stock/Elnur ; **p. 100b :** © CNIL ; **p. 102 :** Adobe Stock/Wisky ; **p. 103 :** Adobe Stock/vchalup ; **p. 104g :** Adobe Stock/DWP ; **p. 104d :** Adobe Stock/innarevyako ; **p. 105 :** Adobe Stock/georgejmclittle ; **p. 107h :** Adobe Stock/ Claude Coquilleau ; **p. 107b :** Adobe Stock/pascal bierret ; **p. 108g :** Adobe Stock/healthylaura.com ; **p. 108d :** Adobe Stock/FineBokeh ; **p. 110h :** Adobe Stock/herreneck ; **p. 110b :** Adobe Stock/Pictures news ; **p. 112g :** Shutterstock/Everett Historical ; **p. 112d :** Adobe Stock/detailfoto ; **p. 114g :** Adobe Stock/bernanamoglu ; **p. 114d :** Adobe Stock/benjaminnolte ; **p. 115h :** Adobe Stock/Redzen ; **p. 115b :** Adobe Stock/Martins Vanags ; **p. 116 :** Adobe Stock/Paolese ; **p. 117h :** Adobe Stock/Unclesam ; **p. 117b :** Adobe Stock/Thomas Launois ; **p. 119h :** Collection Christophel © EuropaCorp / Canal+ ; **p. 119b :** Louis Vuitton Malletier Patrick Galabert ; **p. 120h :** Adobe Stock/Julien Eichinger ; **p. 120mg :** Adobe Stock/Anatoly Repin ; **p. 120mm :** Adobe Stock/Ms VectorPlus ; **p. 120md :** © Carrefour ; **p. 120b :** Adobe Stock/putilov_denis ; **p. 122h :** Adobe Stock/nikomsolftwaer ; **p. 122b :** Adobe Stock/fergregory ; **p. 124hg :** © Coca-Cola ; p. 124hm : © Apple ; **p. 124hd :** © Michel et Augustin ; **p. 124m :** © INPI ; **p. 124b :** Adobe Stock/bepsphoto ; **p. 125 :** © Louis Vuitton ; **p. 127h :** Adobe Stock/makibestphoto ; **p. 127b :** Le Module De Zeer ; **p. 128h :** Adobe Stock/Mariano Gila ; **p. 128b :** Adobe Stock/anekoho ; **p. 129h :** Adobe Stock/chamillew ; **p. 129b :** Adobe Stock/rh2010 ; **p. 131 :** Adobe Stock/prophoto24.

IMPRIM'VERT
Votre imprimeur agit pour l'environnement

FSC
www.fsc.org
MIXTE
Papier issu de sources responsables
FSC® C022030

N° projet : 10261999 - Dépôt légal : Février 2020
Achevé d'imprimer en Italie par L.E.G.O. S.p.A., Lavis (TN)